如何成為一個快樂人

療癒心理學

Healing Psychology

羅金 著

前言

心理學術語上說：自尊，即自我尊重，是個體對其社會角色進行自我評價的結果。自尊是通過社會比較形成的，是個體對其社會角色進行自我評價的結果。自尊首先表現為自我尊重和自我愛護。自尊還含有要求他人、集體和社會對自己尊重的期望。

自尊來源於自尊的需要，包括兩方面：一是對成就、優勢與自信等的欲望；二是對名譽、支配地位、讚賞的欲望。形成自尊感的要素有安全感、歸屬感、成就感等，這些因素都與個體的外在環境有關。

美國機能主義心理學的先驅威廉・詹姆斯在《心理學原理》（一八九〇）一書中提出了一個自尊的公式：自尊＝成功÷抱負。意思是說：「自尊取決於成功，還取決於獲得的成功對個體的意義，增大成功和減小抱負都可以獲得較高的自尊。成功或許有許多制約因素，不是很容易就做到的，但我們可以降低對工作和生活的期望值，這樣，一個小的成功就可能使我們欣喜不已。」

首先，我們要學會自信，美國作家愛默生說過：「自信就是成功的第一秘訣。」人生最大的缺失，莫過於失去自信。自信是自己拯救自己的一種原動力。自信是一束陽光，它會照亮人的奮鬥之路，一個人成就的大小，取決於其自信程度的高低，正如河流的高度永遠不會超過它的源頭一樣，一個人所取得的成就往往不會超出他所擁有的自信的高度。所以，想取得更高層次的成功，就要具有更高層次的信心。信心有多大，成就就會有多高。

其次，我們要學會愛自己，每個人都想親近這個世界，都想愛這個世界，但是不要忘了，你只有先親近自己，才能真正親近這個世界。一個與自己疏遠了的人，一個拋棄了真實自我的人，一個不愛自己的人，根本不可能愛這個世界。人生，是一個從荒蕪到芳草萋萋的過程，在這個過程中，我們最大的目標就是追求幸福。要想獲得幸福，我們就必須從心理上站在自己一邊，自己親近自己，自己關愛自己。你無須反對他人，但一定要支持自己。

最後，我們要學會改變自己去適應環境，社會的現狀永遠不可能盡善盡美，紛繁複雜的人際關係永遠不可能清澈透明。生活在這個世界上，你就必須不斷面對諸如地震、瘟疫、洪水等種種天災，還有戰爭、欺騙、陷害等人禍。這都是無法改變的客觀現實。但是，不管社會存在多少遺憾與不足，它照樣一日千里地向前發展，人們照樣和諧而快樂地相處與交流。這才是世界發展的本質，是人們生活的主流。如果說「看清看透」能夠讓我們活得更理性、更透徹，那麼，「別看破」才能讓我們活得更快樂、更具建設性。

相信自己、喜愛自己、信賴自己，這些方面統一構成了我們人格中最為基礎的維度之一：自尊感。一個人沒有自尊心，幸福便無從談起。相反，自尊心太強，又會經常感到受傷。自尊有強弱之分，過強則成虛榮心，過弱則變成自卑。本書教讀者科學地為你的自尊心做專業全面的自我檢查，就如何建立自尊，如何完善自尊，自尊調適過程中會存在的主要問題，如何評估自尊，等等，提供具體的解決方法，豐富真實的案例、科學到位的分析，為這本專業的心理自助書增色不少。

目錄
Contents

第三章　做最好的自己

第四章　愛上不完美的自己

目錄

Contents

第五章 不要成爲「別人嘴裡」的犧牲品

第六章 適時放下不必要的固執

第七章 別「死要面子活受罪」

第八章 得理也要讓三分

目錄
Contents

第九章 適應你所在的環境

第十章 自我修煉，提高個人涵養

第一章　把自己放在正確的位置

認識你自己，做最好的你

在希臘帕爾納索斯山南坡上，有一個馳名古希臘的戴爾波伊神托所。在神托所入口的石頭上刻著兩個詞，用現代話來說，就是：認識你自己。

古希臘哲學家蘇格拉底經常引用這句格言，後世人們認為這是他講的話。但在當時，人們則認為這句格言就是阿波羅神的神諭。這其實是家喻戶曉的一句民間格言，是希臘人民的智慧結晶，後來才被附會到大人物或神靈身上去。兩三千年前的這句格言，直到今天對人們來說還有著同樣重要的意義，它時刻提醒著人們認識自我、把握自我、實現自我。

只有當你認識自己之後，你才能客觀地評價和正確對待你自己的優點和缺點。你知道自己行為上的不足之處以及情感上的缺陷，才能想方設法來克服這些不足——取人之長，避己之短。

十九世紀，約翰·皮爾彭特從耶魯大學畢業，前途看上去充滿了希望。然而命運似乎有意捉弄他，他很快就結束了做教師的職業生涯。不久，他當了一名律師，準備為維護法律的公正而努力，但他的性格似乎一點都不適合這一職業。他認為當事人是壞人，就會推掉找上門來的生意；他認為當事人是好人時，又會不計報酬地為之奔忙。

對於這樣一個人，律師界當然感到難以容忍，皮爾彭特只好再次選擇離去，成為紡織品推銷商。然而，他好像並沒有從過去的挫折中吸取教訓。他看不到商場競爭的殘酷，在談判中總讓對手大獲其利，而自己只有吃虧的份，於是，他只好再改行當牧師。然而，他又因為支持禁酒和反對奴隸制而得罪了教區信徒，被迫辭職……

一八八六年，皮爾彭特去世了。在他八十一年的生命歷程中，似乎一事無成。但是，你一定聽過這首歌：「衝破大風雪，我們坐在雪橇上，快速奔馳過田野，我們歡笑又唱歌，馬兒鈴兒響叮噹，令人心情多歡暢……」

這首家喻戶曉的兒歌——《鈴兒響叮噹》，它的作者正是皮爾彭特。這是他在一個耶誕節前夜作為禮物，為鄰居家的孩子們寫的。因為他有著開朗樂觀的性格、博大無私的胸懷、純潔明淨的內心，所以才能寫出這樣一首充滿愛心和童趣的優秀作品。

皮爾彭特的故事告訴我們，再貴重的東西如果用錯了地方，也只能是垃圾或廢物。在人生的坐標裡，一個人占到好地盤，比什麼都強。

所以，看看自己的位置錯了沒有？**位置站錯了，那麼一開始你就錯了**，如果還要繼續錯下去，你可能會永久地在卑微和失意中沉淪。

愛因斯坦在科學上的貢獻家喻戶曉，而在二十世紀五〇年代，愛因斯坦曾收到一封信，信中邀請他去當以色列的總統。愛因斯坦毫不猶豫地予以拒絕。他在回信中寫道：「我一生都在同客觀物質打交道，因而既缺乏天生的才智，也缺乏經驗來處理行政事務及公正地對待別人，所以，本人不適合如此高官重任。」歷史學家則認為，「愛因斯坦是清醒而明智的，他的智慧和美德不僅在於他發現了相對論，還在於他發現了自己」。

有時一個人竭盡全力去做一件事而沒有成功，並不意味著做其他事不會成功。所以在行動之前，先要想一下，如果選擇了一條不適合自己的道路，這就註定難以成功。

難怪美國總統佛蘭克林感歎：「有事可做的人就有了自己的產業，而只有從事天性擅長的職業，才會給他帶來利益和榮譽，站著的農夫要比跪著的貴族高大得多！」所以說，決定你能否成為最好的自己的，既不是物質財富的多少，也不是身分的貴賤，關鍵是看你是否擁有實現自己理想的強烈願望，看你的性格優勢能否充分地發揮。

人們熟知的一些成功人士，就是在普通的崗位上，充分發揮了自己的性格優勢，做好自己身邊的每一件事，才創造了最好的自己。

一九九八年五月，華盛頓大學有幸請來世界巨富巴菲特和比爾•蓋茲演講。當學生問「你們是怎麼變得比上帝還富有的」這一有趣的問題時，巴菲特說：「這個問題非常簡單，原因不在於智商。為什麼聰明人不會做一些阻礙自己發揮全部能力的事情呢？原因在於習慣、性格和脾氣。就像我說的，這裡的每個人都完全有能力獲得和我一樣的成功，甚至超過我，但是有些人做得到，有些就做不到。做不到的那些人，是因為你自己阻礙了自己，而不是這個世界不讓你做到；你壓抑了自己的性格、扼殺了自己的天賦。一句話，自己擋住了自己的路！」

仔細思考一下，你還在「自己擋住自己的路」嗎？如果是，那麼你永遠也不可能成功，決定成敗的不是你尺寸的大小——而是做一個最好的你。

正如一位詩人所說的：「如果你不能成為山頂上的高松，那就當棵山谷裡的小樹吧——但要當棵最好的小樹。如果你不能成為一棵小樹，那就當叢小灌木。如果你不能成為一叢小灌木，那就當一片小草地。如果你不能是一隻香獐，那就當一尾小鱸魚——但要當湖裡最活潑的小鱸魚。」

讓優勢主導你的人生

每個人都潛藏著獨特的天賦，這種天賦就像金礦一樣埋藏在我們平淡無奇的生命中。那些總在羨慕別人而認為自己一無是處的人，是永遠挖掘不到自身的金礦的。

一個窮困潦倒的青年，流浪到巴黎，期望父親的朋友能幫他找一份謀生的差事。

「數學精通嗎？」父親的朋友問他。

青年羞澀地搖頭。

「你懂物理嗎？或者歷史？」

青年還是不好意思地搖頭。

「那法律呢？」

青年窘迫地垂下頭。

「會計怎麼樣？」

父親的朋友接連地發問，青年都只能搖頭告訴對方——自己似乎一無所長，連絲毫的優勢也找不出來。

他父親的朋友對他說：「可是，你要生活呀！將你的住處留在這張紙上吧！」

青年羞愧地寫下了自己的住址，急忙轉身要走，卻被父親的朋友一把拉住了：「年輕人，你的名字寫得很漂亮嘛，這就是你的優勢啊，你不該只滿足於找一份糊口的工作。」

把名字寫好也算一種優勢？青年在對方眼裡看到了肯定的答案。青年人受到鼓勵以後自信了很多，他想：我能把名字寫得叫人稱讚，那我就能把字寫漂亮，能把字寫漂亮，我就能把文章寫得好看……他一點點地放大看自己的優勢，看到了成功的希望。

數年後，這個青年果然寫出了享譽世界的經典作品。他就是十八世紀法國著名作家大仲馬，他寫的《基督山伯爵》和《三個火槍手》受到世界各國人民的喜愛。

把名字寫得好，也許你對此不屑一顧：這算什麼！然而，不管這個優點有多麼「小」，但它畢竟是一種優勢。大仲馬便以此為基礎，擴大他的優勢範圍。名字能寫好，字也就能寫好；字能寫好，文章為什麼就不能寫好呢？

世間有許多平凡人，擁有一些諸如「能把名字寫好」這類小小的優勢，但由於自卑等原因常常被忽略了，沒能抓住這些優勢，結果失去了許多可以成功的機會，這實在是人生的遺憾。須知**每個平淡無奇的生命中，都蘊藏著一座豐富的金礦**，只要肯挖掘，哪怕僅僅是微乎其微的一絲優點的暗示，沿著它也會挖掘出令自己都驚訝不已的寶藏。

許多人成功，都源於**找到了自身的優點，並努力地將其放大，放大成超越自己和他人的明顯優點**。我們每一個人，特別是不自信的人，切不可低估自己的能力，而對自身的小優點視而不見。你不要死盯著自己學習不好、沒錢、相貌不佳等不足的一面，你還應看到自己身體好、會唱歌、字寫得好等不被外人和自己發現或承認的優點。把這些優點發揮出來，更進一步地放大，你也可能因此而成功。

輸在模仿，贏在創造

當你在某個競爭領域成為領軍人物的時候，要想以單一的方式保護自己已經擁有的地位是不可能的。因為你的對手時刻都不會放棄對你的學習和模仿。不管是在什麼領域裡，只要你有最佳方案推出，他們一定會迫不及待地模仿，而且他們完全有能力收到和你所取得的相同的效果。

這聽起來好像很無奈，好像這個世界找不到出路，前途渺茫，沒有辦法再實現自己的人生價值。這種悲觀情緒一旦形成，就可能給我們增添許多壓力，阻礙我們前進的腳步。其實，發生這樣的事情，你完全可以換個角度來想：你能夠被模仿，是別人在肯定你的價值，沒有人會對一個沒有價值的方案感與趣。而一直在模仿的競爭中，這種環境將不斷地激勵你，使你奮發圖強，勇敢地超越自己、突破自己。面對當前激烈的競爭，我們能夠做的，只能是**敢想、敢做、敢突破**。

路在何方？答案只有一個，那就是創新。雖然影響市場競爭的因素很多，但是只有創新才能在日益激烈的競爭中開闢出屬於自己的道路。在企業裡，總是有一些人喜歡人云亦云，別人說過的話，他再重複，還是會說得津津有味；別人做過的事情，他也不假思索地模仿，從來不去用心找尋一條屬於自己的路。這種人被人們賦予了一個形象的名字——鸚鵡人。

這些企業之中的鸚鵡人，雖然一直熱衷於模仿，甚至可能會將別人的最佳方法學得惟妙惟肖，但是在這個講求個性的時代裡，這類人並不受企業的歡迎。我們並不排斥學習別人，能夠學習別人的優點，這是好事。但是要在學習的基礎上走出自己的路。任何領域裡，模仿得再像，也無法超越真品的價值，贗品雖然也能夠讓人賞心悅目，但是永遠也達不到真品的價值。

韓國現代集團創始之時，其創始人鄭周永投資創建了蔚山造船廠，目標是造十萬噸級超大油輪。很快，船廠就建起來了。由於當時很多人對韓國人自己造這麼大噸位的油輪持懷疑態度，因此幾個月過去了，竟然連一個客戶都沒有。

這下可急壞了鄭周永，因為建造船廠的大量資金用的是銀行貸款，一旦長時間接不到訂單，不僅銀行的巨額資金無法歸還，甚至會使自己陷入破產的境地。該怎麼辦呢？鄭周永苦思冥想。突然，他從自己收藏的一堆發黃的舊鈔票中，看到了一張五百韓元紙幣，紙幣上印有十五世紀朝鮮民族英雄李舜臣發明的龜甲船。龜甲船是古代的一種運兵船，當時李舜臣就是用它粉碎了日寇的侵略，捍衛了國家的尊嚴。鄭周永意識到這是一個絕好的機會，他一面叫人根據這張舊鈔的內容製造了大量宣傳品，一面拿著這張舊鈔四處遊說，宣傳朝鮮在五百多年前就已經具備了造船能力，因此現在完全有能力建造現代化大油輪。經過反覆宣傳，鄭周永很快拿到了兩張各為十三萬噸級油輪的訂單。

鄭周永的創新不僅使自己的船廠絕處逢生，走進造船業的前列，而且也為國家爭得了榮譽。

一個人若總是熱衷於模仿，就會失去自己的風格，這樣他永遠也無法擁有只屬於自己的獨一無二的特性。但是創新也不是一件輕而易舉的事情。我們每個人可能都有這樣的習慣：自己不願意思考，總是希望別人有現成的東西供我們借鑑和使用。用別人的方法解決了問題，卻不去思考別人的方法是怎樣得來的，也不及時地總結學習經驗。時間久了，我們就失去了創新的積極性。

雖然走出一條創新的道路有點難，但是它並不是一座不可跨越的山峰。只要你將眼光投放在遠處，不要只將注意力放在自家後院，而是注意到別人庭院裡的風景，並將他們的別致之處與自己的相結合，你就可以走出屬於自己的獨特道路。

把自己放在正確的位置

人生猶如一張地圖，必須找到目前你所在的準確位置並確定最終的目的地所在，才能描繪出一道清晰的生命軌跡。定位人生的座標是為了在人生關鍵的幾步上走得更穩健、更踏實。「讓世界退立一旁，讓任何知道自己要往何處去的人通過」，明確自己想要的人生，確定自己心中的未來，命運的鑰匙就在自己的手心裡。

在莎士比亞的名劇《哈姆雷特》中，大臣波洛涅斯告訴他的兒子：「至關重要的是，你必須對自己忠實；正像有了白晝才有黑夜一樣，對自己忠實，才不會對別人欺詐。」波洛涅斯勸告兒子要根據自身最堅定的信念和能力去生活——去正視不同的世界，同時，必須尊重他人的權利。

然而，大多數人總發現自己在猶豫之中。

怎樣做才能不虛度一生？

怎樣才能知道自己選擇了合適的職業或恰當的目標呢？

羅傑・羅爾斯是美國紐約州歷史上第一位黑人州長。他出生在紐約聲名狼藉的大沙頭貧民窟，這裡環境骯髒，充滿暴力，是偷渡者和流浪漢的聚集地。在這兒出生的孩子，對惡行耳濡目染，從小就學會了翹課、打架、偷東西甚至吸毒，長大後很少有人從事體面的職業。然而，羅傑・羅爾斯是個例外，他不僅考入了大學，而且當上了州長。

在就職的記者招待會上，一位記者問，是什麼把您推向州長寶座的。面對三百多名記者，羅爾斯對自己的奮鬥史隻字未提，只談到了他上小學時的校長——皮爾・保羅。

一九六一年，皮爾・保羅被聘為諾比塔小學的董事兼校長。當時正值美國嬉皮流行的時代，他走進大沙頭諾比塔小學的時候，發現這兒的窮孩子比「迷惘的一代」還要無所事事，他們不與老師合作，曠課、鬥毆，甚至砸爛教室的黑板。皮爾・保羅想了很多辦法來引導他們，可是沒有一個是奏效的。後來他發現這些孩子都很迷信，於是在他上課的時候就多了一項內容——給學生看手相，他用這個辦法來鼓勵學生。

當羅爾斯從窗臺上跳下，伸著小手走向講臺時，皮爾・保羅對他說：「我一看你修長的小拇指就知道，將來你會成為紐約州的州長。」

當時，羅爾斯大吃一驚，因為長這麼大，只有他奶奶讓他振奮過一次，說他可以成為五噸重的小船的船長。這一次，皮爾・保羅先生竟說他可以當紐約州的州長，著實出乎他的意料。

他記下了這句話，並相信了它。從那天起，羅爾斯的衣服上不再沾滿泥土，說話時也不再夾雜污言穢語了。他開始挺直腰桿走路，在以後的四十多年間，「紐約州州長」就像一面旗幟，他沒有一天不按州長的身分要求自己。五十一歲那年，他終於成了州長。

種瓜得瓜，種豆得豆。我們所得的報酬取決於我們所做的貢獻。你也許會因自己在生活中的位置，或者榮獲讚譽，或者蒙受恥辱。有責任心的人關注的是那些束縛自己的枷鎖，在關鍵時刻，宣告自己的獨立。

從現在開始，請把自己放在正確的位置，選擇適合自己的人生，不要因為他人的看法而改變自己的定位，正確與否只有自己才有發言權。

沒有誰可以真正讓你一無所有

人生就像電臺的歌曲排行榜，有的人排在前面，有的人排在後面，有的人粉絲如雲，有的人孤單寂寞……且不說一直都在苦苦掙扎的小人物，就是有過一定業績和成就的人，在快速多樣的競爭中，也可能虎落平陽、龍困淺灘，嘗遍人生冷暖啊。

但頭腦清晰、性情開朗的人，總會把坎坷的經歷當作一場必需的考試，竭盡全力應對，實在無力扭轉失利的時候，他們也會用退一步海闊天空來安慰自己，先給自己一個喘息休整的機會，然後等待機遇再做奮鬥，這是一種積極的處事態度。

而大多數人卻無法做到這樣的豁達，他們在不被人肯定的時候往往容易自我否定，一旦遭到比較大的打擊和失利，馬上就會開始懷疑自己的能力，抱怨自己的處境，降低自己的目標，甚至覺得自己一無是處。

如果你想成功，千萬不能有這樣的消極信念，其實，除非你放棄自己，否則，沒有誰可以真正讓你一無所有！

你要相信，即使別人再強勢，剝奪的只是你的某一個或者某一段時間的機會，那些壓迫性的影響僅能讓你暫時沒有收穫。此刻的你，只要不是自己仰身倒下，絕對還有更多的選擇在等待你的嘗試。

貝多芬在被世人認可之前，曾拜在交響樂之父海頓的門下學習。和大多數學生不同的是，貝多芬並未被老師頭頂的光環所威懾，反而總想進行一些突破性的嘗試，改變古老的、墨守成規的創作樂風，讓音樂解脫束縛。

由於彼此固執己見，貝多芬和海頓經常爭吵不休。而率直的貝多芬覺得並未在老師那裡學到更有用的技巧和方法，於是他就在獨立創作的《第二交響樂》上只寫上自己的名字，但由於貝多芬當時正師從海頓，按照常規，他創作的曲譜也要寫上海頓的名字。這讓海頓十分惱怒，於是辭退了這個膽大妄為的學生。

然而，就像貝多芬所說：「一匹奔騰的駿馬絕不會讓蒼蠅叮了幾口後就裹足不前！」面對眾人的批評，儘管充滿了痛苦和困惑，貝多芬還是堅定地選擇了搏擊和對抗，讓新音樂的風格蓬勃發展。

再次出發後，貝多芬不斷進行音樂革新，然而他招致的攻擊也越來越多。但他沒有花費時間去爭辯和苦惱，而是跳過這些苛刻的指責，充分挖掘自己的潛力，譜寫出更多、更優美的樂章，贏得了世界人民的尊敬與熱愛。

當自己不被人承認的時候，我們雖然沒有光環，但是我們有信念！當你低調地走過一段壓頂的荊棘後，曾經滿布傷痕的軀體才能更強壯，你才終於可以昂起頭，用淡然的微笑對抗那些永遠都存在的大小傷害。

美國國際商用機器公司（ＩＢＭ）的創始人湯瑪斯・沃森創業之前，曾在現代商業先驅約翰・亨利・派特森的公司工作。當他剛在公司取得良好業績準備大展拳腳的時候，卻遭到讒言陷害，被派特森解雇了。在那段難熬的時間裡，沃森得到的幫助和安慰非常有限，但他強打精神，讓自己用最好的狀態和充分的準備應付未來的全新挑戰。

夜深時分，他總是一遍遍地告訴自己：「我可以重新再來！我要創造另外一個企業，一定要比派特森的還要大！」

後來，沃森果然讓那個夜晚的誓言成為現實。

仔細回顧自己走過的日子，我們就會發現，那些當初對你不信任或敵視你的人，其實對你的影響大多是積極的。試想，如果這個人當時的判斷是正確的，那麼他的話語雖然冷酷無情，卻能讓你看到自己的不足，及時做出調整，得到一個良好的經驗，為將來儲存必要的能力；如果這個人的判斷完全錯誤，那麼我們損失的只是短暫的利益，我們甚至還可能因為別人的輕視而激發鬥志，創造奇蹟！

無論如何，只要不因為別人對自己的不良評價而主動放棄，你就是一個勝出者。

追求完美只是在浪費時間

追求完美本身是好事，這是值得提倡的，尤其是比賽場上，只有這樣才能不斷挑戰自我，超越自我。因為在競爭如此激烈的賽場上，如果你不進步，就意味著被淘汰。但是，凡事都有一個尺度，過分熱衷於完美，就會與自己的初衷脫節。

哲人說：「完美本是毒。」生活中，如果事事追求完美，其實是一件痛苦的事，就如毒害心靈的藥餌！世界上總是有很多人堅持完美主義，他們對那個永遠不可能實現的目標孜孜不倦，表面上他們多麼勤奮和努力，實際上，他們是在浪費時間。

有位偉大的雕刻家就是一位完美主義者，他所完成的雕像，令人幾乎難以區分哪個是真人、哪個是雕像。有一天，死亡之神告訴雕刻家，他的死亡時刻即將來臨，雕刻家非常傷心，他和所有人一樣，也害怕死亡，也不想死。他苦思冥想了很久，最後終於想到一個好方法，他做了十一個自己的雕像。當死神來敲門時，他便藏在那十一個雕像之中，屏住了呼吸。

死神感到困惑，他看到了十二個一模一樣的人，他從沒聽說過上帝會創造出兩個完全一樣的人，這是怎麼回事？死神無法確定自己究竟該帶走哪一個？

死神無法做決定，帶著困惑，回去問上帝：「居然會有十二個一模一樣的人，我該如何選擇？」

上帝微笑著把死神叫到身旁，在死神耳旁說了一句話。

死神問：「真的有用嗎？」

上帝說：「別擔心，你試了就知道。」

死神半信半疑地來到那個雕刻家的房間，往四周看了看，說：「先生，一切都非常的完美，只是我發現這裡還有一點瑕疵。」

這個追求完美的雕刻家完全忘記了自己此刻的處境，立即跳出來問：「什麼瑕疵？」

死神笑著說：「哈哈，終於抓到你了，這就是瑕疵——你無法忘記你自己，天堂都沒有完美的東西，何況人間。走吧，你的死亡時刻已經到了！」

是啊，天堂都沒有完美的東西，何況人間。

這世上的每件事都存在著兩面性，所以有時看似完美的事，未必就代表著圓滿，而反過來，看起來有所缺憾的事，有時可能從另一方面帶給人意想不到的驚喜以及收穫。用西方人的話說就是：「當上帝對你關上一扇門的時候，定會為你開一扇窗。」

其實，哪有沒有缺憾的人生，問題只在於不同的人用不同的心態去面對，而結果也將完全不同。世上的事常常不止一種答案，對於很多事的判斷都不能簡單地歸結為這個好、那個不好，在我們日常的生活和工作中，由於長期以來所受的教導和固有的觀念，遇見各種情況總是以別人為參照物，首先檢查我有什麼地方沒有做好，分析自己的缺點和瑕疵，然後信誓旦旦下定決心，下次我一定改正，做得和別人一樣。但是，問題隨之而來，**當我們做得和別人一樣時，是不是就代表是最好的呢？是不是就適合自己呢？**

金無足赤，人無完人。既然每個人都有他的缺點、毛病、缺陷，那麼我們何不忽略這一切，或是乾脆**將所有的欠缺化作特色，活出自己的稜角和個性，演繹出自己的那份精彩**。當你擁有了這樣的心態時，其實也就等於擁有了處事的精練豁達以及寵辱不驚。不要去抱怨上天沒有把我們塑造得完美無缺、無懈可擊，因為完美並不意味著「一切都會好」，相反，缺憾也不意味著不能獲得成功、獲得好人生，凡事沒有絕對。忽略缺陷而努力爭取成績，直到別人只看得見你的成就。

十九世紀法國詩人穆塞特曾寫下這段話：「完美根本就不存在，瞭解這句話的人就等於瞭解人性智慧的極致，期待擁有完美是人類最瘋狂危險之舉。」

掛在牆上的畫可能會很漂亮，我們可以將其作為藝術品來欣賞，但不要以為我們的生活和人生會真的像畫一樣，甚至要求自己成為畫中的人，那不現實，而且只是徒勞。

克服弱點，昇華你的整體素質

我們所在的這個時代，常常是一個以結果論英雄的時代，這並不純粹是一種功利的現象，而是因為在忙碌繁華、高速運轉的城市中，每個人都希望並都努力創造著自己的那片天空，搭建著自己的那座舞臺，每個人的時間都有限，並不會總是留心別人，更不會總是留意你的缺陷，人們只會對你在生活和工作中最終所展現的才華和能力讚歎或喝彩。

美國前總統富蘭克林・羅斯福在八歲時，是一個非常脆弱膽小的男孩，他臉上的表情總是惶恐的，他的呼吸就像跑步後的喘氣一樣。一旦他被老師叫起來回答問題，立即就會雙腿發抖，嘴唇不停顫動，回答得也含混不清，最後只能重新坐下來。此外，因為長有一口齙牙，他也不討人喜歡。

換成其他的孩子，一定會對自身的缺陷十分敏感，但富蘭克林卻從不自我憐惜，他依然保持著積極樂觀的心態和奮發進取的渴望。他的自信激發了自己無限的奮鬥精神，他天生的缺陷促使他明白自己更應該努力奮鬥，他從不因為同伴的嘲笑而減少勇氣，他喘氣的習慣逐漸變成堅定的聲音，他努力咬緊牙床不讓嘴唇顫動，他用堅強的意志克服著自己的緊張。他不因自己的缺陷而氣餒，甚至加以利用爬到成功的巔峰。就是憑著這種奮鬥精神，憑著這種積極心態，他終於成了美國總統。

在他晚年的時候，已經沒有人再關注他曾有過的嚴重缺陷了。他用自己的人格魅力贏得了美國民眾的愛戴，成了美國第一位最得人心的總統，而這種情況在美國的歷史上前所未有。

每一個人都有弱點。不同的是，一般人讓弱點成為羈絆，一事無成；成功者卻克服甚至開發了自己的弱點，把弱點轉化為優點。世界是公平的，絕不會因為一個人身體有缺陷而剝奪他的成功與幸福，也不會因為一個人性格的靦腆而掩蓋他的榮耀和風采。每個人都有著相同的機會，就要看我們是否有信心、有毅力去把握它了。

那麼，要怎樣來克服自己的弱點，使自己的整體素質得到昇華呢？

（1）**克服弱點要學會如何正確看待自己的弱點**。我們不能將自己的弱點與自我想像的弱點混為一談。大多數有自卑感的人總是把注意的焦點放在自己的弱點上，對不重要的事也把它誇大了來考慮，以為每個人都在注意這些事，而實際上並不是如此。

一些人強調自己性格上的弱點，然後又費盡心機證明，「因為這個弱點，所以不能成功」。要解決這個問題，就必須先認識到我們每個人都能成功、快樂和堅強。所以我們必須決定自己打算要突出哪一方面的優勢，而這一決定權在於我們自己。一旦我們選擇突出自己的長處和優點，自卑感便會消失，一種強有力的能力便會取代我們的缺陷和弱點。

（2）**要有積極的心態，這往往能使一個人將自己的弱點積極地轉為最強的部分**。這種轉化的過程有點類似焊接金屬，如果有一片金屬破裂，經過焊接後，它反而比原來的金屬更堅固。這是因為，高度的熱力使金屬的分子結構更為嚴密了。

（3）**克服弱點要防止氣餒**。我們性格中有一種普遍的弱點便是氣餒。氣餒必然導致失敗，但如果我們能多堅持一下，多努力一下，結果可能完全不同。

天下沒有「懷才不遇」這回事

「懷才不遇」可能是自古以來讀書人最常出現的一種心境。這可以從無數的寄情詩文中得到佐證。在封建專制時代，一個人需要遇上明君，才有可能出人頭地。

但在機會平等的現代社會，「懷才」是否還會「不遇」呢？一個真正有才能的人，除非是他自己選擇不遇，否則一定可以找到實現理想的空間。我們只要冷靜地分析一下歷史上諸多懷才不遇的「現象」，就會發現其前提大多是一個假設的而非真實的條件，即「如果讓他……那麼就會……」因此這些結論大多是不能或者是無法驗證的。

歷史發展到了現在，還是有許多人認為自己「懷才不遇」，是真的懷才之人沒有得到社會的認可，還是那些自命「懷才」者在發牢騷呢？

我們不能一概否認這些人在某些方面所具有的某種才能，但是可以看出一個喜歡哀歎和抱怨的人缺乏雄才大略者應有的恢宏氣度，也沒有志士仁人所具有的道德修養。所以說，一個人如果一直慨歎懷才不遇，那一定是他的能力、性格或定位出了什麼問題。因此，他應該先在觀念上調整，必須承認自己未必如此有才，並設法改善調整自己，才有可能讓自己成為真正的有才之人。

當然，鐘鼎山林，人各有志，的確有不少人很有才華和能力卻沒受到重視，這應該是他沒有足夠的企圖心去尋求別人的重視。他可能不願意委身一時，也可能是不願意改變他的生活。但這是懷才不「欲」的選擇，而不是懷才不「遇」的宿命。

通常情況下，一般人出於虛榮心，均易自覺或不自覺地高估自己的才能，如果達不到原定的目標，或者臨時性地遭受挫折，便會產生牢騷與怨憤。在很不理智的心態下極易習慣性地將責任推向客觀，認為別人不理解自己，社會不重視自己。實際上，諸多自以為「懷才不遇」的人的一個通病，恰恰是忽略了對於自己的解剖與批評。

如果能從主觀入手，從自身找問題，認識自己的不足，充實並提高自己，調整原來的目標與心態，大多數的「不遇」問題均可解決。即使目前存在無法克服的困難，也應逐步創造條件，為自己的出路多做準備工作。只有這樣，在條件成熟需要自己的時候方可厚積薄發，舉重若輕而遊刃有餘。

客觀地說，那種甘於在牢騷中消沉且自滅的愚蠢者，實在不配歸入「懷才者」之列。千里馬是自己跑出來的，現在我們所處的時代不同以往。對某些人來說，這也許是一個懷才不遇的年代，同樣對於另外一些人，卻是一個良禽擇木的年代，是一個通過自己的努力而證明自己的年代。

片山恭一是現代日本的當紅作家，在講述他從「冷」到「熱」的艱難成名路程時，他這樣說道：「為了作品能在雜誌上發表，我拼命地、不斷地投稿，給《文學界》就至少投過十篇稿子，但沒有一篇發表，甚至稿件如同石沉大海，沒有一點回音，甚至連一句『來稿收到』這樣的答覆都沒有……但我卻從來沒有發出過『這個世界多麼冷酷無情啊』之類的感歎，而是為了能夠發表去竭盡己能、拼命努力。」

片山恭一不故作「千里馬」等待「伯樂」的發現，而是靠自己的努力，終於從一匹「平凡的馬」跑進了「千里馬」的行列，從出版第一個單行本到獲得「新人獎」中間整整相隔了九年的時間，這九年間，他一直在自我揚鞭，踴躍奮蹄。

時下有很多人抱怨找不到好工作，覺得是社會體制的問題，總抱怨沒有遇到伯樂，但是他們從來沒有想過，自己到底算不算千里馬呢？你不是千里馬，如果有伯樂在，也不會看上你啊。就算你真的是千里馬，酒香還怕巷子深呢，你不自己出去溜幾圈，施展自己的能力，就算有伯樂也不一定馬上就能發現你。要知道聖哲賢明如文王、孔孟，才華橫溢如屈原、賈誼，嚴謹博學如韓非、司馬遷等均有自己的無奈而屢遭挫折與磨難。因此，今天的人們只有腳踏實地用自己的才能回報社會、造福社會，方不致令自己所懷之才淪入「不遇」之境。

第二章　擋住你的只是一張紙

看重自己，信任自己

拳王阿里曾說：「我是最傑出的，我甚至在自己還沒有成為最傑出的人之前，就經常對自己說這樣的話。」自信是內心中灼熱燃燒的火焰，它能照亮前程並釋放出巨大的能量，溫暖你的整個心房。想要獲得成功的人時刻不要忘記：**你認為你行，你就行**。

一個人是什麼，是因為他相信自己是什麼。只要相信你自己能行，就一定行。「你認為你行，你就行」，還有另外一層意思，就是要一步進入角色。

從下決心做一個成功的人那一刻起，就要馬上從狀態（**心理狀態、生理狀態、行為狀態**）上把自己當成已經成功的那個人。

比如說你想成為一名出色的管理者，那麼從今天開始，你就要以一個管理者的心態、思維模式和眼光來學習、觀察、分析和處理身邊的事情和關係，而不是等奮鬥快要成功時才來這樣做，要一步到位。這正是「要」當管理者和「想」當管理者的分水嶺。

在這個到處充滿機遇和挑戰的時代，生命的藍圖已不是「我未來要如何如何」的將來進行時，而變成了「我未來如此，現在應該如何」的正在進行時。在這裡，未來不再是名詞，而變成了動詞。從現在起，你就是成功者，其中所有的過程都是正確執行成功的程序而已。要知道，劉邦並非是當了皇帝那天才成為漢高祖的，而是當年在鄉下看到秦始皇出行隊伍的浩蕩威儀而發出「大丈夫當如此也」的慨歎時，就開始成為漢高祖了。因此，一旦你的目標清晰了之後，就要認為你已經擁有了它，這樣你就會進入最有效的幫助你實現願望的狀態。**機會永遠只青睞自信而有準備的人。**

自信心是一個人生活並開創事業的支撐力量，沒有了這種自信，就等於給自己判了死刑。自信是一切成功的基礎，也是人們走向成功的第一步，如果你連第一步都無法邁出的話，又何來第二步、第三步及以後的成功。

實業家亨利在自傳裡曾講過這樣一個故事：

那一年，正遇上美國經濟大蕭條，亨利的企業倒閉了，他負債累累，不得已離開了家人開始流浪。他來到了密西根湖，想著自己的失敗和今後的渺茫，有了輕生的念頭。這時，他發現橋墩上散落著幾本書，撿起來發現其中有一本書叫《自信心》。因為這本書的名字很誘人，所以他讀了下去。看完之後，他急切地想見一見這本書的作者——美國從事個性分析的專家羅伯特・菲利浦。

幾經周折，亨利見到了羅伯特・菲利浦。亨利進門打招呼說：「我來這兒，是想見見這本書的作者。」說著，他從口袋中拿出那本書，那是羅伯特許多年前寫的。

亨利繼續說：「一定是命運之神在昨天下午讓我看到這本書的，如果沒有它，也許我早已在密西根湖了此殘生了。我已經看破一切，認為一切已經絕望，所有的人（包括上帝在內）已經拋棄了我，不過幸好，我看到了這本書，它使我產生了新的看法，為我帶來了勇氣及希望，並支撐我度過昨天晚上。我已下定決心，只要我能見到這本書的作者，我相信他一定能協助我再度站起來。現在，我來了，我想知道您能替我這樣的人做些什麼。」

在亨利說話的時候，羅伯特從頭到腳打量著他，發現了他茫然的眼神、深深的皺紋、幾天未刮的鬍鬚以及緊張的神態，這一切都在向羅伯特顯示，他已經無可救藥了，但羅伯特不忍心對他這樣說，因此，請他坐下來，要他把自己的故事完完整整地說出來。

聽完亨利的故事，羅伯特想了想，說：「雖然我沒有辦法幫助你，但如果你願意的話，我可以介紹你去見一個人，他就在這座大樓裡，只有他可以幫助你東山再起。」

羅伯特拉著亨利的手，穿過幾個樓層，引導他來到自己從事個性分析的心理試驗室。亨利茫然地看著空無一人的試驗室，有些疑惑。這時，羅伯特把他拉到一塊看來像是掛在門口的窗簾布之前，然後把窗簾布慢慢拉開，裡面露出一面高大的鏡子，亨利從鏡子裡看到了自己。

羅伯特指著鏡子說：「就是這個人！在這世界上，只有他能夠使你東山再起。除非你坐下來，徹底認識這個人，就當作你從前並未認識他一樣，否則，你只能回頭選擇跳進密西根湖。因為在你對這個人做充分的認識之前，對於你自己或這個世界來說，你都將是一個沒有任何價值的廢物。」

亨利朝著鏡子走了幾步，用手摸摸自己長滿鬍鬚的臉孔，對著鏡子裡的人從頭到腳打量了幾分鐘，然後後退幾步，低下頭，開始哭泣起來。過了一會兒，羅伯特送他離去。

幾天後，羅伯特在街上碰到了亨利，他已經不再是一個流浪漢，他西裝革履，步伐輕快有力，頭抬得高高的，幾天前那種衰老、不安、緊張的神態已經消失不見。亨利非常感謝羅伯特，他說，是羅伯特讓他找回了自己，找回了工作。

後來，亨利真的東山再起，成了芝加哥著名的事業家。

看重自己並信任自己，是成功的制勝法寶。

一位著名的作家也曾說過這樣的話：「**自己把自己說服了，是一種理智的勝利；自己被自己感動了，是一種心靈的昇華；自己把自己征服了，是一種人生的成熟。**」但凡說服了、感動了、征服了自己的人，就有力量征服一切，取得人生的成功。

你缺少的只是一個機會

在通往成功的道路上，有些人總覺得自己太差勁，能成就一番事業的機會和機率微乎其微。其實，問題的關鍵並不在於他現在的地位是多麼的卑微，或者從事的工作是多麼的微不足道，而在於他沒有必勝的信心，沒有認識到自己存在的價值。相反，只要擁有強烈的進取心，認清自己存在的價值，就不會再局限於狹小的圈子裡，就會為了登上成功的巔峰而付出切實有效的努力，這時任何障礙都將阻擋不了他成功的步伐。

對於一個渴望在這個世界上立身揚名、成就一番事業的人來說，不管現在你多麼貧窮，也不管你所處的環境多麼惡劣，更不管你面臨多少艱難險阻，只要你能夠真切地認識自己的價值，有著積極進取的心態和更上一層樓的決心，那麼這個世界也不會對你失去信心。你一定能夠通過內心的力量驅動自己，脫穎而出，勇往直前。

要學會在前進的途中主動出擊。林肯說過：「有些事人們之所以不去做，只是他們認為不可能。」

古希臘的大哲學家蘇格拉底在風燭殘年之際，知道自己時日不多了，就想考驗和點化一下他的那位資質不錯的助手。他把助手叫到床前說：「我的蠟燭所剩不多了，得找另一根蠟燭接著點下去，你明白我的意思嗎？」

「明白」，那位助手趕緊說：「您的思想光輝是得很好地傳承下去……」

「可是」，蘇格拉底慢悠悠地說：「我需要一位最優秀的傳承者，他不但要具有相當的智慧，還必須有充分的信心和非凡的勇氣……直到現在，這樣的人選我還未見到，你幫我尋找和發掘一位好嗎？」

「好的，好的。」助手很溫順地說：「我一定竭盡全力地去尋找，一定不幸負您的栽培和信任。」

蘇格拉底笑了笑，沒再說什麼。

那位忠誠而勤奮的助手，不辭辛勞地通過各種管道開始了四處尋找。可他領來的一位又一位人才，總被蘇格拉底用各種原因婉言謝絕了。

半年之後，蘇格拉底眼看就要告別人世，最優秀的人選還是沒有眉目。助手非常慚愧，淚流滿面地坐在病床邊，語氣沉重地說：「我真對不起您，令您失望了！」

「失望的是我，但你對不起的卻是你自己。」蘇格拉底說到這裡，很失望地閉上眼睛，停頓了許久，才又不無哀怨地說：「本來，最優秀的就是你自己，我想要的人也正是你。只是你不敢相信自己，才把自己給忽略、給耽誤了……其實，每個人都是最優秀的，差別就在於如何認識自己、如何發掘和重用自己……」話沒說完，就永遠離開了這個世界。

那位助手後悔莫及，在歎息中度過了後半生。

缺乏自信的人，往往給人以謙遜大度的印象。其實，這種對自己的否定，與謙遜的美德無關。一項事業的成功固然需要各方面的才能，但千萬不要忘記，**擁有超凡的自信心才是打開這些才能寶庫的金鑰匙**。如果去分析一下那些「自造機會」的人的偉大成就，就不難看出，在他們出發奮鬥時，一定先有一個充分信任自己能力的自信心理。他們的心情和志趣堅定到可以踢開一切阻撓自己的懷疑和恐懼的念頭，從而使他們在成功的道路上所向無阻。

相信自己吧，相信自己就是那塊閃閃發光的金子，如果你的光芒還沒有讓人看到，也要堅信，你缺少的只是一個機會而已。

擁有自信者的獨特姿態

古今中外，凡是智慧上有所發展、事業上有所成就的人，都有一條成功的秘訣：自信。這些人儘管各自的出身、經歷、思想、性格、興趣、處境等有所不同，但他們都有一個共同點，就是對自己的才智、事業和追求充滿必勝的信心。自信的意識、自信的力量，足以使一個人瀟灑自如地直面人生，以艱苦卓絕的奮鬥改變自己的命運或是實現自己的人生價值。

每一個充滿自信的人，都應該具有一種「我很獨特」的姿態，就像牛頓對待砸在頭上的蘋果的態度一樣，從事物的表象發現其內在的價值。

生命的價值不依賴我們的所作所為，也不倚仗我們結交的人物，而是取決於我們本身的態度！我們是獨特的，永遠不要忘記這一點！不要讓昨日的沮喪令明天的夢想黯然失色。

有人對成就偉大事業的卓越人物的人格特質進行過專項的分析和研究，發現了其中的共同之處：這些卓越人物在開始做事之前，總是具有充分信任自己能力的堅強的自信心，深信所從事之事業必能成功。這樣，在做事時他們就能付出全部的精力，破除一切艱難險阻，直到勝利。

瑪麗・科萊利曾說：「如果我是塊泥土，那麼我這塊泥土也要預備給勇敢的人來踐踏。」這就是自信者的姿態。如果一個人在表情和言行上時時顯露著卑微，在每件事情上都不信任自己、不尊重自己，那麼這種人自然得不到別人的尊重。

只有自信與自尊，才能夠讓我們感覺到自己的能力，其作用是其他任何東西都無法替代的。而那些有了點成績就咄咄逼人的人，他們表現出來的並不是真正的「自信」，而是內心深處另外的一種不自信，正如莎士比亞所說，他們體會不到，也永遠不能體會到自信者身上煥發出的那種榮光。

不是沒有跳高的能力，而是沒有跳高的勇氣

挫折作為一種情緒狀態和一種個人體驗，每一個人的耐受性是大不相同的。有的人經歷了一次次挫折，能夠堅忍不拔，百折不撓；有的人稍遇挫折便意志消沉、一蹶不振，甚至痛不欲生。有的人在生活中受多大的挫折都能忍耐，但不能忍受事業上的失敗；有的人可以忍受工作上的挫折，卻不能經受生

活中的不幸。

把一隻跳蚤放在一個玻璃罩裡，然後讓跳蚤自由跳動，你會發現跳蚤第一次起跳就碰到了玻璃罩。連續幾次之後，跳蚤調整了自己能夠跳起的高度來適應新的環境，此後每次跳起的高度總保持在罩頂以下。

當你逐漸降低玻璃罩的高度，跳蚤在經過數次碰壁之後主動調整了高度。最後，玻璃罩接近桌面，跳蚤無法再跳了，只好在桌子上爬行。這時候，如果你把玻璃罩拿走，再拍桌子，跳蚤仍然不會跳躍，「跳蚤」變成「爬蟲」了。

為什麼呢？不是因為喪失了跳躍能力，而是遭受挫折以後，跳蚤變得心灰意冷。最為可悲的是：雖然玻璃罩已經不存在了，跳蚤卻連「再試一次」的勇氣也沒有了。玻璃罩的限制已經深深地刻在它那有限的潛意識裡，反映在牠的心靈上……不是沒有跳高的能力，而是沒有跳高的勇氣！

當一個人身處順境時，尤其是在春風得意時，一般很難看到自身的不足和弱點。唯有當他遇到挫折後，才會反省自身，弄清自己的弱點和不足，以及自己的理想、需要同現實的距離，這就為其克服自身的弱點和不足、調整自己的理想和需要提供了最基本的條件。因此，挫折是人生的催熟劑，經歷挫折、忍受挫折是人生修養的一門必修課程。

雖說一個人經受一些挫折有一定的好處，可以鍛煉人的意志，培養在逆境中經受挫折失敗後再接再厲的精神，但不斷地經受挫折則可能會使人格發生根本變化，從而變得冷漠、孤獨、自卑，甚至執拗。

曾有人做過實驗，將一隻最兇猛的鯊魚和一群熱帶魚放在同一個池子，然後用強化玻璃隔開。開始的時候，鯊魚每天不斷衝撞那塊看不到的玻璃，只是徒勞，牠始終不能游到對面去，而實驗人員每天都放一些鯽魚在池子裡，所以鯊魚也沒缺少獵物，只是牠仍想到對面去，想嘗試那些美味，每天仍是不斷地衝撞那塊玻璃，牠試了每個角落，每次都是用盡全力，但每次也總是弄得傷痕累累，有好幾次都渾身破裂出血。

持續了一些日子，每當玻璃一出現裂痕，實驗人員馬上加上一塊更厚的玻璃。後來，鯊魚不再衝撞那塊玻璃了，對那些斑斕的熱帶魚也不再好奇，好像牠們只是牆上會動的壁畫，牠開始等著每天固定會出現的鯽魚，然後用牠敏捷的本能進行狩獵，好像又擁有了在海中不可一世的兇狠霸氣。

但這一切只不過是假象罷了，實驗到了最後的階段，實驗人員將玻璃取走，但鯊魚卻沒有反應，每天仍是在固定的區域游著，牠不但對那些熱帶魚視若無睹，甚至於當那些鯽魚逃到那邊去，牠就立刻放棄追逐，不再過去。

實驗結束了，實驗人員譏笑牠是海裡最懦弱的魚。可是曾經失敗過的人都知道為什麼——牠怕痛。

對於一個渴望著在這個世界上立身揚名、成就一番事業的人來說，任何東西都不是他前進的障礙；不管他所處的環境是多麼惡劣，也不管他面臨多少艱難險阻，他總是能通過內心的力量驅動自己，脫穎而出，勇往直前。

在成功者的眼裡，失敗不只是暫時的挫折，失敗更是一次次豐富閱歷、總結經驗的機會。

一件事情能不能做好，並不取決於你的能力，而取決於你的態度。

以積極的信念支配人生

或許你出身貧寒，身分低微，但是很多的偉人都是從一個卑微的身分和貧寒的家境起步，最後一步一步努力攀上了人生的高峰；人生正如某個著名的運動服裝品牌的廣告語所說的那樣，「一切皆有可能」。而信念則是創造出這無限可能的源泉！

曾經有人打過這樣的比喻，人生就像是打一副牌，發給你什麼樣的牌是上帝決定，而怎麼打手裡的牌則是由你自己決定的。那麼，**要打好人生這副牌，我們就必須有堅定的信念**，相信自己的能力，腳踏實地，沉著冷靜，不管自己的人生遇到對方怎樣的阻擊，始終不怨天尤人，也不輕言放棄！

同樣的困境，同樣的際遇與磨難，有些人可能會很快垮掉，有些人卻能站起來。其實，當你處於一種艱難的處境時，有很多人都面臨著同樣的境遇。不同的是，有的人早早就屈服於困難和苦痛，而有的人則奮起抗爭，展開了與困難的搏鬥與鬥爭。這時，信念的高度便改變了人生的軌跡。

五名礦工在礦井下採煤時，礦井突然倒塌，幸好礦井沒有完全壓住他們，只是出口被堵住了。現在他們面臨的最大難題就是，如果不能及時得到救援，他們將由於呼吸不到氧氣窒息而死。由於缺乏氧氣，他們在井下最多還能生存兩個半小時。五名礦工商定，為了盡可能地節省氧氣，五人都平躺在地上，以儘量減少體力消耗。在一片沉寂中，每個人的心裡都默默計算著時間，感覺死亡正一步步向他們逼近。

這五名礦工當中只有一個人戴著錶，於是另外四個礦工都向這個人詢問：過了多長時間了？現在幾點了？還有多長時間？礦工隊長發現，如果大家再這樣焦慮下去的話，他們將消耗更多的氧氣，這樣就連兩個半小時都不可能堅持到了，於是決定讓戴錶的礦工每隔半個小時報一次時間，其他人一律不許提問。

第一個半小時很快就過去了，戴錶的礦工輕輕地說：「過去半小時了。」他這麼一說，氣氛一下子冷清起來，他看到大家都皺緊了眉頭，不吭一聲。於是，在第二個半小時過去時，他沒有出聲，他希望大家可以忘掉死亡。當一個半小時過去時，他才慢慢地說：「一個小時過去了。」此時大家都感到這一個半小時猶如一天那麼長，在剩下的那一個小時裡，這個通報時間的礦工依舊用這種方式來欺騙大家。就這樣，時間一點點過去，營救的人還是沒有趕來。

當時間過去三個半小時後，救援人員終於找到了他們。令救援隊員驚奇的是，裡面幾乎已經無法呼吸了，但是他們還都安然無恙。然而救援人員把這五名礦工抬到地面上時，卻發現有一個人因窒息而死了——這個人就是那個戴錶的礦工。

這就是信念的力量——那四名礦工之所以會堅持那麼長的時間，就是因為他們心裡有一個信念，就是氧氣足夠他們存活兩個半小時，而現在時間還未到；那名戴錶的礦工之所以會窒息而死，也是因為他知道礦井裡的氧氣只夠他們生存兩個半小時，而時間早過了！

可以說，**只要有信念的支撐，我們就會無往不勝**，一旦喪失了信念，也就等於喪失了生存的希望。

上場前先做個「V」字手勢

似乎每一個成功者在被問及最初的心態時，都會說自己有著必勝的信念。其實必勝的信念並不完全代表最終的結果，很多抱著必勝信念的人最終也會遭遇失敗。但是，**必勝的信念是一種人生的態度和心態**，只有抱著必勝的信念，你才會在整個奮鬥的過程中時刻保持努力，即使到了最後一刻也不會放棄，如果你沒有那種必勝的信念，或許在結果還沒有出來之前，你便已經早早地認輸投降，喪失了鬥志。

在競技場上，必勝的信念顯得尤其的重要，因此每個運動員都會在上場之前擺出拳頭、「V」（「V」代表勝利）字等各種表明自己必勝決心的動作來給自己加油鼓勁。其實人生又何嘗不是一個競技場呢?更應該保持必勝的信念，上場之前，請給自己做一個「V」字手勢，表明「我必勝」吧!

這就是信念的力量，懷著必勝的信念，即使出現逆境也不會有絲毫的氣餒和放鬆，即使面臨最後的絕境也能衝破難關，創造奇蹟。

美國著名的游泳運動員賽特魯德・埃德爾的故事向我們展示了危難時刻信念的力量。一九二六年八月六日，年僅二十歲的美國運動員賽特魯德・埃德爾成功地橫渡了英吉利海峽。歷史上只有五位男士成功地橫渡英吉利海峽，而她是第一個成功橫渡的女性。這天的天氣十分惡劣，早上七點零五分，埃德爾從法國內茲海角出發，她的後面跟著兩艘輪船，一艘載著她的親友，另一艘載滿了新聞記者和攝影師。

英吉利海峽是大西洋的一部分，西南最寬達兩百四十千米;東北最窄處直線距離三十三點八千米，即從英國的多佛爾到達法國的加萊。它的距離很長，並且平均水溫只有十三點六攝氏度，之前挑戰失敗者中有百分之八十都是由於不能忍受刺骨的水溫而放棄的。

一開始，她很順利，親友們不住地為她吶喊助威，過了一段時間，狂風暴雨就開始襲擊海峽。她的身體已經發麻，霧很大，連護送的船隻都看不到。鯊魚在她的身旁游弋，狂風掀起的波濤不時地打擊她，為了躲避鯊魚和海浪，她在水裡掙扎了好幾個鐘頭。由於情況十分險惡，她的親友幾次勸她放棄，但每次她都要反問道：「為什麼要放棄？我相信自己能行的。」正是在這種必勝信念的支撐下，雖然遇到了很多次致命的危險，她都堅強地挺了過來，在她堅持不懈地努力下，終於成功橫渡了英吉利海峽。

埃德爾的成功和她堅定的信念是密切相關的，如果她的心裡存有絲毫地對自己的懷疑，那麼在橫渡過程中遇到的各種危險都會嚴重削弱她的信心和意志，最終她也就難以成功橫渡海峽，創造這一歷史壯舉。

在賴斯小的時候，美國的種族歧視還很嚴重，特別是在她生活的城市伯明罕，黑人的地位非常低下，處處受到白人的歧視和欺壓。

賴斯十歲那年，全家人來到華盛頓觀光旅遊，因為是黑人，他們全家被擋在了白宮門外，不能像其他人那樣可以走進去參觀！小賴斯備感羞辱，咬緊牙關注視著白宮，然後轉身一字一頓地告訴爸爸：「總有一天，我會成為那房子的主人！」

賴斯的父母十分讚賞女兒的志向，經常告訴她：「要想改變咱們黑人的狀況，最好的辦法就是取得非凡的成就。如果你拿出雙倍的勁頭往前衝，或許能獲得白人的一半地位，如果你願意付出四倍的辛勞，就可以跟白人並駕齊驅；如果你能夠付出八倍的辛勞，就一定能趕在白人的前頭。」

從此，為了實現「趕在白人的前頭」這一目標，賴斯數十年如一日，付出了超過他人「八倍的辛勞」，發奮學習，積累知識，培養能力。她不僅熟練地掌握了英語，還精通俄語、法語和西班牙語；廿六歲時就已經成為史丹福大學最年輕的女教授，隨後還出任了這所大學的教務長。

另外，賴斯還用心學了網球、花樣滑冰、芭蕾舞、社交禮儀等，並獲得過美國青少年鋼琴大賽第一名。凡是白人能做的，她都要盡力去做好；白人做不到的，她也要努力做到。她終於成功了，昂首挺胸，堂堂正正地走進白宮，成為美國歷史上第一位黑人女國務卿。

一個人要想做成大事，必須有一種強大的力量作為精神上的支撐，這種力量來源於個人強大的信念。**愛默生說：「自信是英雄主義的本質。」**只有相信自己能成功的人才能成功，只有相信自己能大成的人才能大成。因此，不要在意其他人如何看你，不用在意他們對你計畫和目標的懷疑與否定。他們視你為空想家也好，認定你是怪人也罷，你都不必在意，你必須相信自己。所有問題終會因為你的堅定信念而得到圓滿解決。

去做事吧，你將會擁有一股神奇的力量

奇蹟無處不在，缺少的只是發現和創造奇蹟的信念。只要你相信奇蹟，堅

持信念，信念就會在你的努力和汗水的澆灌下慢慢發芽，最終長成參天大樹。而如果你中途放棄，那麼前面的一切努力都只能是白費，信念的種子也就只能在泥土中慢慢腐化，不能開花結果。

派蒂・威爾森是一個患有癲癇的少女，但她卻樹立了不倒的信念，創造了不倒的奇蹟。她的父親吉姆・威爾森習慣每天晨跑。有一天戴著牙套的派蒂興致勃勃地對父親說：「爸，我想每天跟你一起晨跑。」

父親回答說：「也好，萬一你病情發作，我也知道如何處理。我們明天就開始跑吧。」

於是，十幾歲的派蒂就這樣與跑步結下了不解之緣。和父親一起晨跑是她一天之中最快樂的時光。但跑步期間，派蒂的病一次也沒發作過。

幾個禮拜之後，她向父親表示了自己的心願：「爸，我想打破女子長跑的世界紀錄。」她父親替她查金氏紀錄，發現女子長跑的最高紀錄是一二八點七千米（八十英里）。當時，讀高一的派蒂為自己制定了一個長遠的目標：「今年我要從橋郡跑到三藩市——六四三點六千米（四百英里）；高二時，要到達俄勒岡州的波特蘭——二四一三點五千米（一五〇〇英里）；高三時的目標為聖路易市——三二一八千米（約兩〇〇〇英里）；高四則要向白宮前進——四八二七千米（約三〇〇〇英里）。」

雖然派蒂的身體狀況與他人不同，但她仍然滿懷熱情與理想。對她而言，癲癇只是偶爾給她帶來不便的小毛病。她不因此消極畏縮，相反，她更珍惜自己已經擁有的。

高一時，派蒂一路跑到了三藩市。她父親陪她跑完了全程，做護士的母親則開著旅行拖車尾隨其後，照料父女兩人。

高二時，她在前往波特蘭的路上扭傷了腳踝。醫生勸告她立刻中止跑步：「你的腳踝必須打石膏，否則會造成永久的傷害。」

她回答道：「醫生，你不瞭解，跑步不是我一時的興趣，而是我一輩子的至愛。我跑步不單是為了自己，同時也是要向所有人證明，身有殘缺的人照樣能跑馬拉松。有什麼方法能讓我跑完這段路？」

醫生表示可用黏合劑先將受損處接合，而不用打石膏；但他警告說，這樣會起水皰，到時會疼痛難耐。派蒂二話沒說便點頭答應。

派蒂終於來到了波特蘭，俄勒岡州州長還陪她跑完了最後一程。一面寫著紅字的橫幅早在終點等著她：「超級長跑女將，派蒂・威爾森在十七歲生日這天創造了輝煌的紀錄。」

高中的最後一年，派蒂花了四個月的時間，由西岸跑到東岸，最後抵達華盛頓，並接受總統召見。她告訴總統：「我想讓其他人知道，癲癇患者與一般人無異，也能過正常的生活。」

生命真是一個奇蹟，我們不知道下一秒會發生什麼，只有堅定信念勇往直前，我們才會看到別有洞天的美景。正如愛默生所說：「去做事吧，你將會擁有一股神奇的力量。」是的，不管是誰只要下定決心去做，且成功的信念勝於一切的話，那麼他不成功上帝都會覺得有愧。

你的信念有多充實

信念是成功的內在原動力，決定了信心和自信的努力方向和傾向，信心和自信分別在心理狀態和行為能力方面演繹和補充了信念。所以，對於既定的目標，我們要有堅定的信念，擁有自己的信心。找到自信，從而使自己的信心更有力量，自己的信念更充實，成功更有把握。

信念是一種無堅不摧的力量，當你堅信自己能成功時，你必能成功。

著名的黑人領袖馬丁・路德・金說過這樣一句名言：「這個世界上，沒有人能夠使你倒下。如果你自己的信念還站立的話。」

你對自己的信念相信到何種程度？你猶豫不決、行為方式搖擺不定嗎？你對自己的事業很有信心，因此你能夠不顧任何人和事的阻礙而建立它嗎？……信念，是蘊藏在心中的一團永不熄滅的火焰。信念的力量，在於即使身處逆境，亦能幫助你揚起前進的風帆；信念的偉大，在於即使遭遇不幸，亦能召喚你鼓起生活的勇氣。信念是一種無堅不摧的力量，是人生成功的精神基礎。

第三章　做最好的自己

遠大的目標能激發人的潛能

人生的目標就像沙漠中的地圖，只要你願意，那麼你自己就可以畫，畢竟命運掌握在自己的手中。遠大的目標能激發人的潛能。人們常說：「一個人追求的目標越高，他才能發展得越好。」

目標只要不是高得成了海市蜃樓，那麼就盡可能遠大一些。目標越遠大，越能充分挖掘你的潛能。一個目標遠大的人，即使實際沒有達到最終的目標，他達到的目標也往往比設定小目標時大。

我們都有這樣的體會，如果確定只走十千米路程，走到七八千米處就會因鬆懈而感到困乏，因為目標馬上要達到了；但是，如果要走二十千米，在七八千米處正是鬥志昂揚之時。目標高遠給我們留下了較大的奮鬥空間，我們才不會因自我設限而窒息，不會達到較低目標後偃旗息鼓，才能積極地追求更大的成功。因此，偉大的歌德說：「就最高目標本身來說，即使沒有達到，也比那完全達到了的較低目標更有價值。」

什麼樣的目標決定什麼樣的人生。凡有大成就者必先有吞天吐月的野心和遠大目標。放長一段目光，你會擴大一片人生舞臺。短淺的目光與狹小的視野，只會限制你的生活向更大空間延伸。

鷹擊長空，是因為志在藍天；志存高遠，人生才會燦爛輝煌！

安於現狀，是最大的陷阱

停滯不前的生活像是一潭死水，沒有波瀾，毫無生氣。每一個平淡的日子都需要一股動力，像清泉一般，在死寂的水面上激起絢麗的漣漪。若想改變生活，就要隨時為自己注入靈動鮮活的補給，激發起生命的鬥志，讓麻木消沉的日子離你遠去。

很多偉人在常規生活中感覺不滿，感覺到自己有從事其他事業的天資，於是放棄了原先受過專門訓練的職業。

有一位心理學家曾經說過一句很耐人尋味的話：我們所從事的往往不是我們所擅長的。當然，這其中有很多的無法改變的客觀原因。在大部分情況下，偉人們也和常人一樣，在父母的安排下邁進生活的常軌，但他們很快發現自己就像是被擠在四方形洞窟裡的圓球，對現狀不滿，處境窘迫，無用武之地，滿心焦慮。

在某次戰鬥勝利後，有人問成吉思汗，是否等到機會來臨後，再去進攻另一個城市，成吉思汗聽了這話，竟大發雷霆，他說：「機會，機會是靠我們自己創造出來的。」「創造機會」，便是成吉思汗之所以偉大的原因。因此，唯有去創造機會的人，才能建立轟轟烈烈的豐功偉業。

美國康奈爾大學的生物學教授做了一個著名的實驗叫作煮青蛙。實驗是這樣的：先把一隻青蛙故意丟進煮沸的水中，由於青蛙反應靈敏，在千鈞一髮之際，牠用盡全身力氣跳出水鍋，安全地逃生了。

三十分鐘後，教授們又使用一個同樣大小的鐵鍋，不同的是，這次在鍋裡先放滿了冷水，然後把那隻曾經死裡逃生的青蛙再放進去，這隻青蛙在鍋裡並沒有像第一次那樣跳出來，而是歡快地表演著牠的游泳技巧。接著，他們又不斷地將水加熱，這隻青蛙不知道即將大禍降臨，依然在水中自由自在地游來游去，牠還以為是在泡溫泉呢，當牠感到情形不對時，為時已晚，牠欲躍乏力，全身癱軟，只好躺在水裡，最後終於翻起了白肚皮——死了。

由上面的這個實驗可以看出安於現狀是非常可怕的，缺乏危機意識，等於是對自己的生命不負責任。不管你扮演什麼角色，不管你現在多麼成功，也不管你現在所處的環境多麼舒適，都必須主動改變自己，以應對環境的惡化。

如果安於現狀，孔子也許只能是魯國一個管理錢庫財糧的小官，不會成為一個受萬人推崇的「聖人」；如果安於現狀，左思也許不會因「洛陽紙貴」名噪一時；機會對每個人都是公平的，之所以有平庸的人，是因為他們滿足現在的生活，同時機會降臨時他們也不去把握，好位置就只好讓他人捷足先登，他們不想去競爭，優勢最終會被劣勢所取代；而那些成功的人絕不會找這樣的藉口，他們不等待機會，不安於現狀，也不向親友們哀求，而是靠自己的苦幹努力去創造機會，他們深知，唯有自己才能給自己創造機會，發揮出優勢，才不會讓優勢變成劣勢。

用充滿激情的心擁抱未來

激情能創造出財富，也能創造出奇蹟，可以說激情是奇蹟之母。美國成功學大師卡內基稱激情為「內心的神」，認為「**一個人成功的因素很多，而首要的因素就是激情**。沒有激情，無論你有什麼能力，都發揮不出來」。大凡能創造出奇蹟的人，並沒有什麼特異功能，靠的只是一股激情。

我們都見過沸騰的開水，每一個水分子似乎都在爭相跳躍，不斷向上，人的心態也應該如此。每一滴血都應該沸騰起來，湖水如果永遠都平靜沒有波瀾，那就成了一潭死水，人生如果永遠不能沸騰起來，那麼人也如同死去一般，生與死都已經沒有分別。

找到激情，找到願意為目標而瘋狂努力的動力。如果缺乏這個催化劑，一段時間過後，你又會回到貧窮的原點。問問你自己：什麼事能夠讓你赴湯蹈火在所不惜呢？你是否曾經為了實現願望而努力拼搏？讓心情平靜下來，到一個安靜的環境裡，然後試著描繪想擁有的東西、想去做的事與想成為的人的影像，反覆練習，直到影像清晰，再次找回激情的力量。

用心規劃，人生才不會迷茫

人生有了規劃，才不會迷茫。有了人生的規劃，我們不僅清楚自己現在所處的位置，更清楚自己下一步所要邁出的方向。

我經常聽到身邊的朋友講這樣一些話：「我很迷茫……」「我後悔了……」「如果時間重來，我一定會……」那麼，你是否也會經常抱怨老天的不公平、生活壓力繁重、人際關係難處、工作不如意等煩惱呢？

一位哈佛大學的著名社會學教授訪談了一千名即將畢業的本校學生，問了他們一個很簡單的問題，即「您對自己的人生有沒有清晰的人生規劃」。得到的結果是，只有很小一部分（不到百分之四）學生說對自己的人生擁有清晰的人生規劃；一部分（大約占百分之十六）的學生雖然有規劃，但不是很清晰。

三十年過去了，這位教授又回訪了這些學生，除了三十五位由於過世或其他原因未能聯繫到以外，其他學生都取得了聯繫，該教授通過對他們的健康、家庭、事業、情感、財務等多項指標的統計，發現一個很有趣也很驚人的結果。

資料表明，當年畢業時那些擁有清晰人生規劃的學生，在以上的各項指標中得分都是最高的，他們不僅擁有健康的身體、美滿的家庭、成功的事業，還獲得了平衡的心靈和令人羨慕不已的財務自由。而那些有模糊的人生規劃的人（不到百分之十六的人），成為各行各業中的專業人士，雖然其中不少人薪水較高，但在健康、家庭與心靈等諸多方面產生了不少矛盾，身心疲憊成為他們一致的特徵。

在回訪的人群中所占人數最多的，是當年百分之八十以上的沒有任何規劃的人，他們一般是工作幾年之後，一旦衣食無憂就不再持續努力了，所以他們中大多數人都只能長期作為一個平凡的職員、技術人員或銷售人員，而不能取得非凡的成就，甚至還有不少人靠政府的失業救濟金勉強度日。

可見，就連哈佛大學這樣的世界名校也無法保證每個人都能獲得成功，更何況我們平凡的普通人呢？

那我們如何才能成為像那百分之四的人一樣擁有完美的人生呢？關鍵就在於**你一定要有清晰的人生規劃！**

沒有計劃的人往往被規劃掉，而用心規劃的人生才更容易成功。想賺一億的人和想賺一百億的人，他們賺錢、花錢的方式肯定不一樣；當你有了規劃，人生才不會迷茫。有了人生的規劃，我們不僅清楚自己現在所處的位置，更清楚自己下一步所要邁出的方向。

不是逆來順受，而是主動承受

每個人都有改變命運的機會，關鍵看我們肯不肯為這個機會付出代價，如果我們視而不見，那麼就不要抱怨生活的不公。

這個世界上總有比我們更加不幸的人。當我們顧影自憐時，比我們更加不幸的人可能正在用樂觀的態度接受命運的洗禮，以一種積極的心態向命運挑戰。處境相同的兩個人，逆來順受的那個可能淪落成了乞丐，主動承受的那個卻有可能成為商業巨賈。

有人說：「一個人如果一輩子不遇到些事情，有可能永遠是平凡的人。」然而，很多「遇到事情」的人有可能會選擇逆來順受，在這些「事情」中跌倒，只有當他選擇勇敢地主動承受時，他才能夠成為不平凡的人。

一九六〇年，安東尼・布林蓋斯四十歲的時候，得知自己患了腦癌，醫生預言他只能活過當年的夏天。布林蓋斯雖然靠做生意維持生計，但他從小就有寫作的愛好，為了給妻子琳娜留點錢，他開始嘗試寫小說。

那段時間，布林蓋斯拚命寫作。在新年的鐘聲敲響之前，他竟然不可思議地完成了五部小說。最後，布林蓋斯並沒有死，癌細胞正逐漸消失，他的病情得到了緩解。從此之後，小說創作成為布林蓋斯畢生的職業。

他一生寫了七十多本書，《發條橙》是他的代表作。然而，如果沒有那個可怕的死亡預言，他也許根本就不會從事寫作。

選擇主動承受其實就是選擇讓挫折打磨。在困境中，如果我們連主動承受的勇氣都沒有，那麼成功就永遠不會到來。生命中的每段經歷，都蘊藏著一個自我提升的機會，我們選擇相信自己，就一定會有所成就，就像人們常說的那樣：心有多大，舞臺就有多大。

有做小事的精神，才有做大事的氣魄

優秀的成功人士大都是這樣的人：有高度的責任心；工作態度表裡如一、一絲不苟；永遠抱有激情。他們的成功是一種透明的成功，沒有半點虛假，沒有半點水分。

全世界人都知道，姚明曾是NBA賽場上的英雄，身價上億美元；白髮蒼蒼的美國Viacom（維亞康姆）公司董事長薩默·萊德斯通神采奕奕，他所領導的公司在美國擁有很大的名氣；事業有成的比爾·蓋茲仍潛心凝神地工作，把微軟的產品賣到全球每一個地方……他們的身分各異，或者是球星，或者是公司的董事長，但是，他們的態度卻是如此驚人的相似，認真地對待工作，百分之百地投入工作，從來沒有想過要投機取巧，從來不會耍小聰明。

工作就意味著責任，崗位就意味著任務。在這個世界上，沒有不需要承擔責任的工作，也沒有不需要完成任務的崗位。工作的底線就是盡職盡責。

堅守崗位，完成任務，這就是我們所說的崗位責任。假如你是公司老闆，在分派任務的時候，你會信任這樣的人嗎？在提升職位的時候，你會首先考慮他們嗎？當然會！這樣的人無疑是能夠準確無誤完成任務的人。

有一個商場招聘收銀員，經過篩選有三位女生參加複試。

複試是由老闆親自主持的，當第一個女生走進老闆的辦公室時，老闆拿出一張一百元的鈔票，要這位女生到樓下去給他買一包香煙。可是，這位女生認為自己還沒有被正式錄用，就被老闆無端指使，將來的工作一定會有很多麻煩事，於是乾脆地拒絕了老闆的要求，氣沖沖地離開了老闆的辦公室。

第二個女生走進辦公室後，老闆也拿出了一張一百元的鈔票，要她去買一包香煙。這位女生想給老闆留下好印象，於是爽快地答應了。然而，當她到樓下買香煙時，卻被告知這張一百元的鈔票是假的，沒辦法，她只好用自己的一百元買了香煙，又把找來的零錢全部交給了老闆，對假鈔的事隻字未提。

第三個女生也同樣被要求去買香煙。當她接過老闆遞過來的一百元鈔票時，並沒有轉身就走，而是仔細地看了看鈔票，馬上就發現這張鈔票可能有問題，於是很客氣地要求老闆另外再給她一張鈔票。老闆微笑著拿回了那張一百元鈔票。就這樣，第三位女生被錄用了。

很多時候，一件看起來微不足道的小事，或者一個毫不起眼的變化，卻能實現工作中的一個突破，甚至改變命運。所以，在工作中，對每一個變化，每一件小事我們都要全力以赴地做好。

不要小看小事，不要討厭小事，只要有益於自己的工作和事業，無論什麼事情我們都應該全力以赴。用小事堆砌起來的事業大廈才是堅固的。

積極面對人生，掌控生活

人在個體上存在差別——體力有強弱之別，智力有高低之分。在激烈的社會競爭中，難免會產生強弱。在這種有形無形的劃分中，我們也有意無意地把自己擺放在一個特定的等級上，這樣，難免就會有人自信，有人自卑。

難道強弱真的就這樣一成不變嗎？

一匹掉隊的斑馬不安地四處張望著。一隻餓了一天的獅子發現了這匹斑馬，於是牠借著草叢的掩護，潛行到了斑馬後面。斑馬還沒有發現，獅子突然閃電般地竄出去，衝向那匹斑馬，斑馬這時才知道危險臨近，牠本能地閃躲獅子的攻擊。獅子第一回合撲了個空，轉身再度撲來，斑馬拔腿狂奔，閃進一處灌木叢裡。

在灌木叢裡追逐獵物可不是獅子所長，牠在外面搜尋了一會兒，低吼幾聲，蹣跚地回到原來的土丘上。

這是一則模擬出來的草原競爭，雖然是模擬，卻是事實——獅子是草原上的強者，很多動物根本不是牠的對手。還有些動物，一看到牠就四肢無力，癱在地上等待生命的結束。

和獅子比起來，斑馬是弱者；除斑馬之外，草原上還有許多弱者，可是，這些弱者至今仍然存在。可見，在動物的世界裡，沒有絕對的強者和弱者，強弱只是相對的。這是一種生態平衡，也可以這麼說，在動物世界裡，弱者也有屬於自己的一片天空！

在人的世界裡，也沒有絕對的弱者。在田徑場上，跑得快的便是強者；在考場上，分數高的便是強者！可是，田徑場上的強者並不一定是考場上的強者，考場上的強者也不一定是商場上的強者！因此，所謂的「優勝劣汰」只描述了一部分的真實，這句話並不是真理，如果錯誤地理解它，那麼自認為是「弱者」的人就一輩子沒有出頭之日了。

強者和弱者在社會中扮演的角色不同，所以二者的心理狀態也完全不同。強者心態的基本出發點是「競爭」，一張餡餅誰能搶到就屬於誰；而弱者心態的基本出發點是「平等」，一張餡餅應該大家平分，倚強欺弱是不道德的。一個具有強者心態的人，其基本標誌就是有向強者挑戰的雄心。

當遭遇挫折或者失敗的時候，弱者喜歡找比自己差或者渺小的人或事物做參照物，以此安慰自己還不是最差的一個。強者則相反，他們會找比自己更強大、更廣領域的人或事物作為參照物，以認清自己渺小和不足的地方，重新找到自己前進的方向並振作起來。

一九四六年，一個名不見經傳的汽車小廠「豐田」立下雄心，制訂了向當時的汽車王國——美國挑戰的計畫。作為戰敗國，「豐田」公司在資金上、技術上還不能與實力雄厚的美國汽車大公司相比，而且在一九四九年以前，駐日本盟軍司令部還禁止日本製造汽車，但這些都沒有阻止日本人向美國汽車挑戰的雄心。三十年後，日本「豐田」汽車也成了世界上家喻戶曉的名牌。

在社會生活中，實力最強的不一定是生存能力最強的。在職業生涯中，能力最優者也未必就會成就事業，因為其面臨的競爭最多，在不斷地反覆博弈中，最終可能會由於其他原因敗下陣來。而能力弱者如果能潛心修煉，也有可能獲得最後的成功。

我們常常會看到一些弱者，他們總是不停地抱怨。而強者幾乎從來不向別人抱怨，他們認為抱怨解決不了任何問題。弱者與強者的不同之處在於，弱者的嘴巴比行動能力強，而且二者幾乎成反比；強者的行動能力比嘴巴強，但二者的差距不會太大。

每一片樹葉都有正反兩面，平滑光潔的正面迎著太陽，吮吸陽光雨露，使樹木煥發勃勃生機，欣欣向榮。其實人也一樣，有陽面和陰面，不要總是向著陰面悲觀歎息，只要轉過身來，肯定自己，你就會手握陽光，迎接你的就是一個光輝燦爛的世界。

有一個小男孩，剛出生就被父母遺棄了，一直生活在孤兒院裡。他非常悲觀，總是無精打采地問院長：「院長，人活著究竟有什麼意思呢？」院長總是笑而不答。

有一天，院長交給小男孩一塊石頭，說：「明天早上，你拿著這塊石頭到菜市場上去賣，但不是真賣，記住，無論別人出多少錢，你都不能賣。」

第二天，小男孩就拿著石頭來到市場上，找了一個角落蹲下來。過了沒多久，就有不少人對他的石頭感興趣。

第一個人說：「小孩，三個金幣賣不賣？」

另一個人則說：「我出五個金幣！」

第三個人大喊：「賣給我，我願意出十個金幣！」

價錢越抬越高，小男孩其實已經動心了，十個金幣對他來說是多大的一筆財富啊！可是，小男孩牢牢記著院長的話，怎麼也不肯賣。

回來後，小男孩興奮地向院長報告了這天的事情，院長說：「明天你再拿到黃金市場上去賣。」

第三天，在黃金市場上，有人竟然肯出比昨天高十倍的價錢來買這塊石頭。小男孩還是沒有賣。

第四天，院長叫小男孩把石頭拿到珠寶市場上去展示。結果，石頭的身價又長了十倍，而且由於小男孩怎麼都不肯賣，一傳十，十傳百，竟被傳為稀世珍寶。

最後，小男孩興沖沖地捧著石頭回到孤兒院，把這一切都告訴了院長，他問：「為什麼會這樣呢？它只是一塊很普通的石頭啊！」

這回院長沒有笑，他望著孩子慢慢說道：「孩子，生命的價值就像這塊石頭一樣，在不同的環境下就會有不同的意義。這塊不起眼的石頭，僅僅由於你的珍惜而提升了它的價值，竟被傳為稀世珍寶。你不就像這塊石頭一樣嗎？只要你自己看重自己，珍惜自己，你的生命就是有意義的，你活著就是有價值的啊。」

納粹德國某集中營的一位倖存者維克托・佛蘭克爾說過：「在任何特定的環境中，人們還有一種最後的自由，那就是選擇自己的態度。」

用積極的態度肯定自己，你就會擁有積極的人生；用消極的態度否定自己，你最終只能擁有消極的人生。

在生活的道路上，我們總會遇到各種各樣令人煩惱的事情和不計其數的對手。於是，我們開始絞盡腦汁地想著與這些對手較量。在這些較量中，有些人成了我們的朋友，有些人成了我們的「敵人」。然而在不知不覺中，我們總是忽略那個自己最大的「敵人」和朋友——自己。

我們只有用積極的態度不斷地肯定自己，才能在一次次感受失敗的苦澀後戰勝自己、超越自己，從而使生命在行走的年輪中感受激情，感受成功，感受自己那穿透靈魂的微笑。

只選一把椅子坐

如果你的人生沒有一個專一的目標，那麼無論你做事多麼努力、多麼勤奮、多麼專注，你這輩子也註定失敗。

人儘管有兩條腿，但只能走一條路。再厲害的人，哪怕他會分身術，也只能活上一輩子。從數學邏輯上看，人生的成敗就決定於對追尋目標的把握上，人的一生若除以唯一的目標，成功率就是百分之百；人的一生若除以兩個目標，成功率就成了百分之五十；以此類推，追求的目標越多，成功的機率越低，人生之路、事業的追求也就越渺茫。

「年輕人事業失敗的一個根本原因，就是精力太分散。」這是戴爾・卡內基在分析了眾多個人事業失敗的案例後得出的結論。事實的確如此。許多生活中的失敗者幾乎都在好幾個行業中艱苦地奮鬥過。然而如果他們的努力能投入在一個方向上，就足以使他們獲得巨大的成功。

愛迪生說過，高效工作的第一要素就是專注。他說：「能夠將你的身體和心智的能量，鍥而不捨地運用在同一個問題上而不感到厭倦的能力就是專注。對於大多數人來說，每天都要做許多事，而我只做一件事。如果一個人將他的時間和精力都用在一個方向、一個目標上，他就會成功。」

帕瓦羅蒂是世界歌壇上的超級巨星，當有人向他討教成功的秘訣時，他每次都提到自己問過父親的一句話。從師範學院畢業之際，癡迷音樂的帕瓦羅蒂問父親：「我是去當教師呢，還是去做個歌唱家？」

父親沉思了片刻回答道：「如果你想坐在兩把椅子上，你可能會從兩把椅子中間掉下去。生活要求你必須有選擇地坐到一把椅子上去。」

帕瓦羅蒂為自己選擇了一把椅子——唱歌。經過了七年的失敗與努力，帕瓦羅蒂才首次登臺演出；又過了七年，他終於登上了大都會歌劇院的舞臺。

只選一把椅子，多麼形象而切合實際的理念！古人云：要有所為，有所不為。這就是說，目標只能確定一個，這樣才會凝聚人生的全部合力，集中力量將其攻下。這種理念，與其說是一種嚴肅的哲學思考，倒不如說是人們為了生存和發展得更好的一種本能的自我優化。

只選一把椅子，意味著在選準全力以赴的事業時，也選擇了一種生活。就像貝多芬與音樂、柏拉圖與哲學、畢卡索與繪畫、司馬遷與史學……他們所選定的唯一一把人生座椅，決定了各自的人生軌跡及留給後世的聲譽。

第四章 愛上不完美的自己

真實的人生沒有完美可言

人生幾乎沒有完美的，因為完美是要付出代價的，而一旦有了代價就不再「完美」。但人們可以選擇走出不完美的心境，而不是在不完美裡哀歎。如果我們一味地追求所謂的完美，又怎麼能夠輕輕鬆鬆面對生活呢。

很多人常常埋怨自己的生活不夠美滿，這也不如意那也不舒心，因此心情抑鬱、生活無味。其實，損傷和缺憾往往是我們進入另一種美麗的契機。**不完美是生活的一部分，擁有缺陷是人生另一種意義上的豐富和充實**。我們每個人

都有缺點，重要的是你如何看待它，如何能將這些「缺點」轉化為「優勢」，將這個「優勢」好好運用、發揮，並得到更好的效果。實際上，有些缺點可能恰恰是另一種美麗的優點，可以讓你在不經意間鑄就另一種人生。

從前，有一位受人雇用挑水的農夫。他有兩個水桶，分別吊在扁擔的兩頭，其中一個桶有裂縫，另一個則完好無缺。在每趟長途的挑運之後，完好無缺的桶，總是能將滿滿一桶水從溪邊送到主人家中，但是有裂縫的桶到達主人家時，卻只剩下半桶水。

兩年來，農夫就這樣每天挑一桶半的水到主人家。當然，好桶對自己能夠送滿整桶水感到很自豪，而破桶則對自己的缺陷感到非常羞愧，它為只能負起一半責任而難過。

終於有一天，飽嘗了兩年失敗的苦楚，破桶終於忍不住了，在小溪旁對農夫說：「我很慚愧，我必須向你道歉。」

「為什麼呢？」農夫問道：「你為什麼覺得慚愧？」

「過去兩年，因為水從我這邊一路漏掉了，我只能送半桶水到主人家。我的缺陷，使你做了全部的工作，卻只收到一半的成果。」破桶說。

農夫替破桶感到難過，他充滿愛心地說：「這一次，在我們回到主人家的路上，我要你留意路旁盛開的花朵。」

走在回家的山坡上，破桶突然眼前一亮，它看到繽紛的花朵開滿了路的一旁，沐浴在溫暖的陽光之下，這景象使它開心了很多。

但是，走到小路的盡頭，它又難受了，因為一半的水又在路上漏掉了！破桶再次向農夫道歉。

農夫溫和地說：「你有沒有注意到小路兩旁，只有你的那一邊有花，好桶的那一邊卻沒有開花呢？我明白你有缺陷，因此我善加利用，在你那邊的路旁撒了花種。每次我從溪邊回來，你就替我一路澆了花。兩年來，這些美麗的花朵裝飾了主人的餐桌。如果你不是這個樣子，主人的桌上也沒有這麼好看的花朵了。」

正是因為那只破桶的不完美，從而成就了路邊盛開的鮮花。由此可見，當生命中有不完美的事情時，不要悲觀地怨天尤人，因為那只是徒勞。正確地認識這種殘缺，不必苛求完美，只有這樣，我們才會追求到幸福。

其實，人生沒有完美的幸福可言，完美的幸福只存在於理想之中。因為任何事物都不可能達到完美的境界，如果每一個細節都要追求完美的話，那麼很有可能就失去了大局。

研究表明，強迫性的完美主義並不利於人的心理健康，反而會使工作效率、人際關係、自尊心都受到嚴重損害，甚至會導致自卑和自我挫敗。完美主義經常會讓人情緒紊亂、工作效率低下。原因之一就是他們以歪曲的、非邏輯的思維方法看待生活。

完美主義者最普遍的思維方法是「要麼全有，要麼全無」。另外，在人際關係中，許多完美主義者感到孤獨是因為他們害怕自己的意見不被採納，使自己的完美形象受到影響。他們為自己的言行辯解，對別人卻指指點點，評頭論足。這樣的做法常常傷害別人，影響同事、朋友之間的關係，最終導致他們陷入被人孤立的境地。

很久以前，有一位完美主義的漁夫。他每次打魚都追求完美，只想打大魚，打上來的小魚都放了回去。

有一天，他從海裡撈到一顆晶瑩剔透的大珍珠，愛不釋手。但美中不足的是珍珠的上面有個小黑點。漁夫想，如能將小黑點去掉，珍珠將變成完美的無價之寶。於是漁夫將這顆珍珠剝掉一層。

可是剝掉了一層，黑點仍在；再剝一層，黑點還在；一層層地剝到最後，黑點是沒有了，然而珍珠也不復存在了。漁夫捧著滿手的珍珠粉末痛哭流涕。

漁夫想得到的固然是美的極致，但是在他消除所謂的瑕疵的同時，美也消失在他追求過於完美的過程中了。有黑點的珍珠不過是白璧微瑕，正是其渾然天成、不著痕跡的可貴之處，如同「清水出芙蓉，天然去雕飾」。美得自然，美得樸實，美得真切。美真正的價值往往不在於它的完整，而在於那一點點的殘缺，就如同缺失雙臂的維納斯，它能給人以無限的遐思，美麗也就在這樣一種遺憾和遐想中成為極致了。

要求自己時時保持完美其實是一種殘酷的自我主義。真實的人生其實沒有完美可言，完美只是理想的情況。刻意去追求完美會使人疲憊不堪。不管對於事情的結果如何在意，偶爾也該放過自己，畢竟完美永遠準備不完。而正是因為有了殘缺，我們才有夢、才有希望。而當我們為了夢想和希望努力奮鬥的時候，可以說我們已經很完美了。

欣賞自己，包容自己

欣賞自己，不是鄙視別人的狂妄自大，而是源於對自己生命的珍視和熱愛；欣賞自己，不是讓自己成為「井底之蛙」，而是讓自己拋棄浮躁後更成熟地走向遠方。

孔雀來到天后赫拉的面前，牠抱怨自己的嗓音沙啞難聽：「您看，夜鶯的歌聲總是可以深深地打動人心，得到眾人的喜愛。可是我一開口，群鳥就會嘲笑我，這太不公平了！」

天后聽到孔雀的這一番話後，安慰牠說：「你的嗓音不好，但你的身姿與容貌卻是出類拔萃的，別忘了你在開屏的時候，羽毛有多麼的華麗富貴、光彩照人，人們也把孔雀開屏視為一大美景啊！」

孔雀依然不滿意：「既然我的歌聲不如他人，這種無言的美麗對我而言又有什麼用呢？」

赫拉有點不高興了，她斥責孔雀：「每個人都有自己的命運，這是命運之神安排的。她安排了你的美麗、夜鶯的歌唱，也安排了老鷹的力量和烏鴉的凶兆。所有的鳥類都應當對神賦予牠們的東西感到滿意。」

面對天后的斥責，孔雀止住了自己的抱怨。

世界上的任何事物都不可能十全十美，任何人都有著專屬於自己的精彩。孔雀的美麗是令人豔羨的，而牠卻不停地抱怨自己沒有動人的歌喉，忽略了自己擁有的東西。現實生活中，很多人也在重複著孔雀的抱怨。

一個人如果想獲得真正的成功和自由，就必須根植於自己的獨特個性。忽視自己的個性或故意抹殺自己的個性，終將一事無成。因此，千萬不要亦步亦趨地效仿別人，掩飾自己、捨棄自己。在前進的道路上，無論發生了什麼事情或者將要發生什麼，請記住一點：我們從來不會失去自己作為一個人的價值，沒有什麼能夠拿走它。

懂得欣賞自己是一個人奮發向上、繼續努力的無窮動力。常言道：求人不如求己。因此，**最簡單的讓自己快樂起來的方法就是學會自我欣賞，適當地自我寬容、自我鼓勵，從點點滴滴的自我完善中獲得快樂**。欣賞自己的人是自信的人，欣賞自己的人總是帶著同樣欣賞的目光去欣賞別人，只是欣賞，而不是崇拜或者羨慕。於是，很容易使別人的優點變成自己的優點。

欣賞自己的人也是更會學習的人。美國著名的音樂家麥克•約瑟說：「你與自己的心交流，要讚美它，讓它感到你對它的賞識，那時候它才向你釋放靈感。」是的，我們只有欣賞自己，才能充分發揮自己的潛能。與其站在那裡眺望別人的背影，不如坐下來靜靜地想一想自己留下的每一個堅實的腳印，只要努力尋找，就會發現自己的生活中亦有許多值得驕傲的地方。

學會欣賞自己、包容自己，就是要學會欣賞自己的開朗自信、欣賞自己的聰慧大方、欣賞自己的平凡普通、欣賞自己的獨一無二。生活中，或許有不少人會值得自己欣賞，但是最應該欣賞的還是自己。

每個人都是獨一無二的。這個獨特的「自己」既有優點，也有不足。一個人只有充分地自我接納，懂得欣賞自己、包容自己，才能自信地與人交往、出色地發揮自己的才能和潛力。假如一個人不懂得欣賞自己、包容自己，總是以懷疑的、否定的態度看待自己，就有可能限制甚至扼殺自己的創造力。事實上，在我們的身邊因為自卑自憐、自暴自棄等各種心理原因而造成的悲劇事例已經太多，不但給家人造成痛苦，而且給社會造成損失。當然，就更別說怎樣贏得別人的欣賞和肯定了。

欣賞自己並不是傲視一切的孤芳自賞，也不是唯我獨尊的狂妄不羈。因為它不需要大動干戈的氣勢，也不需要改頭換面，它只屬於一種醒悟，一種面對困難時的自信、一種推動自己向挫折挑戰的動力。

學會欣賞自己，就是在無人為我們鼓掌的時候，給自己一個鼓勵；在無人為我們拭淚的時候，給自己一些安慰；在我們自慚形穢的時候，給自己一片空間、一份自信。然後抖落昨日的疲憊與無奈，撫去昨日的傷痛和淚水，去迎接明天嶄新的朝陽……只有學會自我欣賞、自我品評，學會在無人喝彩時能照樣前行，而且行得更好，才能肯定自己、相信自己、欣賞自己，讓自己體會到屬於自己的那份幸福。

學會欣賞自己，你會發現生活是如此美好；欣賞自己，你會感受到命運的公正無私；欣賞自己，你會體味前進中的幸福快樂；欣賞自己，你會把握好自己的人生；欣賞自己，你定會抵達成功的彼岸。

不要拿別人的標準來衡量自己

每個人都是不同的，這註定每個人的人生都將是千差萬別的，可是總是有些人，習慣拿別人的標準來衡量自己，看見別人某方面比自己強，就心理不平衡，就嫉妒，進而對自己提出各種苛刻的要求。

拿別人的標準來衡量自己，盲目地改變自己、要求自己，並不能讓自己像別人一樣成功，多半是東施效顰的結局。

麥克斯．威爾醫師在羅斯福執政期間，曾負責為總統夫人的一位朋友做了一個手術。事後，羅斯福夫人邀請他到白宮去。他在那裡過了一夜，據說隔壁就是林肯總統曾經睡過的房間，他為此感到無比榮幸。

那天晚上，他想著隔壁就是總統睡過的房間，根本沒有睡意，他開始用白宮的文具和紙張寫信給母親、朋友……他在心裡對自己說：「麥克斯，你真的來到白宮了，這是多少人夢寐以求的事情啊！」

第二天一早起來，他下樓用早餐，總統夫人已經等在那裡了。他吃著盤中的炒蛋，心裡想著回去以後該如何向自己的家人和朋友描述這個美好的情景。

但是，問題出現了，因為僕人又送來了一盤鮭魚，而他什麼都吃，就是從不吃鮭魚，因此畏懼地對著那些鮭魚發呆。

羅斯福夫人向麥克斯微笑，指著總統先生說：「他很喜歡吃鮭魚。」麥克斯考慮了一下，心想：「我是什麼人？怎麼能怕鮭魚？總統都覺得好吃，我就不能覺得很好吃嗎？」

於是，他切著鮭魚，並混著炒蛋一起吃了下去。結果，他從下午開始就渾身不舒服，一直到晚上仍然非常想嘔吐。

後來，麥克斯一直思索，這件事有什麼意義呢？他在著作《心靈的慧劍》中寫下了自己的感想：「很簡單，其實我一點也不想吃鮭魚，而且根本也不必吃，但是我為了附和總統而背叛了自己。雖然這是件小事，很快就過去了，可是換個角度想，這不正是許多人為了成功最常碰到的陷阱之一嗎？」

每個人都是獨一無二的，不要企圖向別人看齊，更不要拿別人的標準來要求自己，那只會適得其反。

上天並沒有創造一個標準人，每個人都是獨一無二的。你要敢於保持自己的本色，不必執著於同別人比高低。你只需按自己的樣子生活，去尋找屬於你自己的成功標準。

婚姻沒有完美，接受最合適的愛人

有人說，愛情讓人盲目，還有人說，處於戀愛期間的人智商為零，這些話一點都不假。在熱戀的人眼裡看到的永遠是浪漫和甜蜜，即便是缺點，在對方的眼中也變成了可愛的地方。你愛的那個人的周身都被某種光環所籠罩，見到他（她）似乎就看到了滿世界的陽光，原本的陰霾也會在頓時消散得無影無蹤。愛情的力量足夠偉大，和相愛的人在一起，困頓不堪的歲月也會變成美好的回憶在彼此的心中沉澱或昇華。

但是，不可否認的是，對於正在成長的年輕人來說，眼睛裡充盈著粉紅色，愛人的一切在心目中早已經成了完美的替身。一旦有一天，當愛情歸為現實，當婚姻走進日常的生活，我們才發現原來對方身上有這麼多自己無法接受的缺點甚至缺陷。當這種情緒持續地存在，彼此的感情就不可避免地會發生危機。

在婚姻生活中，很多的爭執和矛盾都是由於我們只看到了對方的缺點而忽視了對方的優點所引起的。結婚前，愛人在自己的眼中，無論怎麼看，都是那麼完美無瑕。其實，每個人都背著兩個口袋，一個叫作優點，一個叫作缺點，每個人也都習慣把優點放在前面的袋子裡，而把缺點放在後面的袋子裡。因此，導致只看到對方的缺點而忽視了他的優點，對自己則是只看到了優點，而忽視了缺點。假如我們能夠將這兩個袋子調換一下位置的話，所看到的就會大不一樣了。

我們應該知道，愛的本質是包容。當兩個素不相識的人由相愛走向婚姻的時候，就註定了要付出一些犧牲。畢竟，婚姻已經不再是花前月下卿卿我我的唯美浪漫，也不是青澀少年的纏綿與誓言，而是煙火生活中的相濡以沫和相互體諒。婚姻愛情的美麗和可貴，不是誓言的多少和承諾的天荒地老，而是相互包容和理解。

在朋友之間，我們常常能做到感恩與報答，這是因為我們珍惜朋友之間的友誼，想讓朋友知道他為你做的這些對你很重要。夫妻因為有了一紙婚約，彼此之間就把對方做的任何事情都看成是理所當然的，時間一久，自然會熟視無睹，甚至還會雞蛋裡面挑骨頭。

無論男女，他（她）不是必然要比我們聰明、勇敢、勤勞和富有。如果我們不能愛一個人的本來面目，而是愛上我們期待中那個完美的他（她）的話，我們會一直失望，而他（她）也會因為壓力過大而沉默和崩潰。

婚姻是一種緣分，需要懂得珍惜。婚前的交往，往往是美麗的偽裝，夫妻只有在共同生活時，才會發現彼此的弱點和問題。寬容，是保持婚姻穩定和幸福的基本品德，因為世界沒有十全十美的人！

金無足赤，人無完人，這個世界上不存在十全十美的人，也不存在完美無瑕的愛情。如果你愛一個人，絕對不是因為他（她）的完美，那種將愛人的一切都理想化的人，最終免不了吃苦頭的遭遇。要想讓自己的婚姻變得更加牢固，讓家庭變得更加美滿幸福，就應該用一種包容的心態去對待對方，用理性的思維去解決雙方的矛盾和衝突。要學會用寬廣的胸懷去接納和包容我們的愛人，這樣的感情才會持久，這樣的婚姻才能更幸福。

接受現實，從現狀出發

也許你並不優秀，但只要盡力而為，便有機會在苦難中綻放光芒，擁有燦爛的人生；也許你很懦弱、膽怯，但只要盡力而為，困難並不是無法戰勝。「從現狀出發，盡力而為」是一座幫你通向幸福美好的橋樑。但有的人，偏偏有橋不走。凡事不求完美，只要盡力而為，就會有一股隱藏在差距之中等待創造未來的神奇力量。正如狄斯累利說的那樣：「當一個人全心全意追求一個目標，甚至願意以生命為賭注時，那麼他就是所向無敵的。」

從前，遠方有個王國，國王的年紀大了，他把三個兒子叫到跟前，對他們說：「我們王國北方有一座最險峻的山峰，山頂上長著全世界最老、最高、最壯的松樹。我將派遣你們獨自去攀登那座高峰，從那棵樹上摘一根樹枝回來，凡是把最棒的樹枝拿回來的人，就可以繼承我的王位。」

第一個王子帶著行囊和裝備出發了。三個星期後，風塵僕僕地回到王國，帶回了一根巨大的樹枝。國王似乎很滿意，恭喜他完成了任務。

接下來輪到第二個王子，他發誓要取回更好的樹枝，於是帶著帳篷和必需品上路了。第六個星期快結束時，他才終於回來，拖著一根龐大的松枝，比第一個王子拿回來的大了很多。國王高興極了。

最後，最小的王子收拾行囊朝高山出發。然而他久久沒有回來，直到第十四個星期，才傳來第三個兒子正在返家路途中的消息。

國王算準他到家的時間，命令全國人民聚在一起，等侯第三個兒子回來。小王子到達時，全身衣服又髒又破，不僅疲憊不堪，而且連一根小樹枝都沒帶回來。小王子眼裡含著羞愧的淚水說：「對不起，父親，我試著去完成你交代我的事，找到那座雄偉的高山，夜以繼日地登上最頂端，尋遍了整個山頂，可是發現那裡根本就沒有樹！」

國王淚流滿面，向幼子溫和地說：「你是對的，那個山頂上根本沒有樹，現在，我們王國的一切都是你的了。」

眾人不解，便問國王為何要將王位傳給這位沒能帶回樹枝的兒子。國王說：「他雖然沒有帶回樹枝，但他是我三個兒子中最努力的。當他發現山頂沒有樹枝的時候，他接受了眼前的現狀。接著，他花了好幾個星期去尋找我所說的那些樹，雖然他最後都沒能找到，但他有著作為一個國王應該有的素質。」

只要在生活中永遠選擇盡力而為，到最後你一定會收穫豐碩的果實。或許我們可以假設一下，假如那個最小的兒子最終沒能獲得王位，但至少他努力了，至少在自己以及很多人心裡，他已經是一個成功的人了。

你所展示出的天賜才能，只是虛妄高傲，只有當你凡事盡力而為，才是最好的境界。也許你努力了也永遠達不到目標，因為那本就是一個不存在的東西。但是，當你盡力而為之後，就不會給自己的人生留下遺憾。

皮爾從小的理想就是當一名出色的舞蹈演員。可是，因為家境貧寒，父母根本拿不出多餘的錢送皮爾上舞蹈學校。於是皮爾的父母不得不將他送去一家縫紉店當學徒工，希望他學一門手藝後能幫家裡減輕點經濟負擔。

每天在縫紉店工作十多個小時的皮爾厭惡極了這份工作，不但因為繁重的工作所得的報酬還不夠他的生活費和學徒費，更重要的是，他覺得自己是在虛度光陰，他為自己的理想無法實現而非常苦悶。他甚至認為，與其這樣痛苦地活著，還不如早早地結束生命。

絕望中的皮爾突然想起了他從小就崇拜的有著「芭蕾音樂之父」美譽的布德里。皮爾覺得只有布德里才能明白他這種為藝術獻身的精神。他決定給布德里寫一封信，希望布德里能夠收下他這個學生。在信的最後，他寫道：如果布德里在一個星期內不回他的信，不肯收他這個學生，他便只好為藝術獻身，跳河自盡了。

很快，年少輕狂的皮爾收到了布德里的回信。皮爾以為布德里會被他的執著打動，答應收下他這個學生。但是信中卻並沒有提收他做學生的事。只是講述自己的人生經歷。布德里告訴皮爾，在他小的時候，很想當一名科學家。可是因為當時家境貧窮，父母無法送他上學，他只得跟一個街頭藝人過起了賣唱的日子。最後，他說，人生在世，現實與理想總是有一定距離的，人首先要選擇生存。只有好好地活下來，才能讓理想之星閃閃發光，一個連自己的生命都不珍惜的人，是不配談藝術的。

布德里的回信讓皮爾猛然驚醒。後來，皮爾努力學習縫紉技術，廿三歲那年，在巴黎他開始了自己的時裝事業。很快，他便建立了自己的公司和服裝品牌，也就是如今舉世聞名的皮爾・卡登公司。

由於皮爾一心撲在服裝設計與經營上，皮爾・卡登公司發展迅速，皮爾在廿八歲時就擁有了兩百名雇員。他的顧客中很多都是世界名人。如今，皮爾・卡登品牌不僅擁有服裝行業，還有服飾、鐘錶、眼鏡、化妝品，等等，皮爾不但成了令人矚目的億萬富翁，以他的名字命名的產品也遍及全球。

從現狀出發，盡力而為，就能問心無愧。不論是工作、學習，還是追尋幸福，我們都要盡力而為。成功了獲得歡喜，失敗了也不會太過憂傷，因為我們已經盡力。很多人，常常抱怨生活不給他創造機會。殊不知，機會常常都是給那些凡事盡力而為的人。因為，這樣的人更容易獲得成功。

我們每天都在渴望成功，渴望名利雙收。可希望越大，失敗後心裡的落差也越大。我們可以這樣想想：為什麼不盡力而為呢？只要凡事盡力而為，就能問心無愧，即使一事無成，也能收穫途中樂事。

有一顆檸檬，就用它做一杯檸檬水

你痛苦過嗎？痛苦並不可怕，可怕的是為這些遺憾而難過。

德國哲學家尼采曾經說過：「不僅要在必要的情況下忍受一切痛苦，而且還要喜愛一切痛苦，因為痛苦是人生前進的動力。」我們的人生始終與痛苦相伴，因為有了痛苦這樣最好的老師，我們才會從一個儒弱者變成一個堅強者。

堅強者把痛苦當作動力，去尋找快樂的彼岸；而儒弱者會在抱怨痛苦的深淵中沉淪，從此與快樂絕緣。

許多偉大的成功者的人生中都銘刻著「痛苦」兩個字。他們之中有非常多的人之所以成功，是因為他們在此之前就遭遇到巨大的痛苦，促使他們加倍地努力而得到更多的報償。正如威廉・詹姆斯所說的：「我們的痛苦對我們是一種持久的幫助。」如果你是個有夢想的人，而且你已經踏上了追求之途，那你就學著去體驗痛苦。

你也許會說：「我再不需要痛苦，我體驗的痛苦已經夠多的了。」在你的人生之途中，你要試著去做不幸者的朋友，打開你的視野，讓你渺小的心靈深深懂得他人的痛苦是多種多樣的，在你這種痛苦之外有著千百種痛苦。有疾病的痛苦，有衰老的痛苦，有失去孩子的痛苦，有失去母親的痛苦，有失敗的痛苦，有被朋友出賣的痛苦，有孤獨的痛苦，有無人訴說的痛苦……

當你漸漸領略了許多種痛苦後，你要有一條清晰的思路，你不能被這些痛苦所嚇倒，你要懂得痛苦是快樂的源泉，是推動你前進的人生動力。

在美國，「鑽石大王」彼得森和他的「特色戒指公司」幾乎無人不知，無人不曉。彼得森從十六歲給珠寶商當學徒開始，白手起家，經歷了令人難以想像的艱辛，最後一躍而成為享譽世界的「鑽石大王」。

一九〇八年，亨利・彼得森生於倫敦一個猶太人家庭。幼年時，父親便撒手人寰，家庭的重擔落在了母親柔弱的肩上。迫於生計，母親偕彼得森移居紐約謀生。在他十四歲時，作為他生活支撐的母親也因勞累過度一病不起，亨利不得不結束半工半讀的學習生涯，到社會上做工賺錢，肩負起家庭生活的沉重負擔。

當亨利十六歲的時候，他來到紐約一家小有名氣的珠寶店當學徒。這家珠寶店的老闆是猶太人卡辛，是紐約最好的珠寶工匠之一。作為一個珠寶商，他在紐約上層社會的達官貴人和公子小姐中頗有聲譽，他們對卡辛的名字就像對好萊塢電影明星一樣熟悉。卡辛手藝超群，凡經過他親手鑲嵌的首飾都能贏得人們的讚譽，並賣到很高的價錢。

但是卡辛又是一個目中無人、言語刻薄的暴君，他對學徒的嚴厲簡直到了暴虐的程度，珠寶店的學徒在他面前無不躡手躡腳、謹慎從事，唯恐自己的疏忽和過錯惹怒了這個六親不認的老闆。

對於珠寶，尤其是鑽石的生產而言，最艱苦、最難以掌握的基本功莫過於鑿石頭。亨利上班第一天，卡辛給他安排的任務就是練習鑿石頭，開始了他煉獄般的學徒生涯。根據卡辛的「教誨」，一塊拳頭大小的石頭，要求用手錘和斧子打成十塊尺寸相同的小石塊，並規定不幹完不許吃飯。

亨利從沒有幹過這種活兒，看著這一塊石頭發呆良久，不知如何下手，唯恐一不小心招來老闆的訓斥和挖苦。但是他別無選擇，只得硬著頭皮幹。他先把大石頭劈成十小塊，然後以十塊中最小的那塊為標準，慢慢雕琢其他九塊。雖說石頭質地不是特別堅硬，但是層次非常分明，稍不小心就會把石頭鑿下一大塊而前功盡棄，並招來老闆的呵斥。

後來據亨利講，儘管老闆非常苛刻，但也是為了讓他們早日掌握打造石頭的要領，因為對於鑽石生產而言，打造石頭是容不得半點含糊的基本功。老闆也是借此來考驗學徒們的意志，因為如果過不了這一關，是永遠也不能成為成功的鑽石商人的。學徒第一天下來，亨利腰酸背痛，四肢發軟，眼睛發脹，但依然沒能完成老闆的任務。

以後的數天裡，他簡直變成了一台麻木的機器在那裡機械地運轉，整日揮汗如雨地在那裡劈鑿。但是後來成就了事業的亨利對卡辛還是充滿了感激之情，他說如果沒有卡辛的嚴格要求，自己絕對不會成為一個成功的「鑽石大王」。

母親看著孩子日漸消瘦的面容和血跡斑斑的雙手，實在不忍心讓孩子受這種委屈與折磨。但她知道對於窮人家的孩子，除了靠吃苦謀生外別無選擇。在母親的感召下，亨利也別無選擇，並且在心裡燃燒起強烈的成功欲望。他相信自己受一些苦難與委屈，將最終使自己學到這門手藝。

萬事開頭難，自己支攤也不是件容易的事。雖然要求不高，只要有一張工作臺就可以了，但是在房租昂貴的紐約找一塊地方又談何容易？關鍵時刻，還是有著互助意識的猶太同胞幫了他的忙。他就是彼得森在珠寶店裡當學徒時認識的猶太技工詹姆。

詹姆與他人合資在紐約附近開了一個小珠寶店。彼得森去找他想辦法，詹姆他們的小珠寶店很小，約有十二平方米，已經擺放了兩張工作檯。詹姆很熱心，看他處境艱難，允許他在這個店裡再擺一張工作檯，每月只收十美元租金。

工作臺得到了解決，但是身無分文的彼得森無力預付房租，必須找到活兒幹，否則仍然無法生存。

到了第廿三天，他終於攬到了一筆生意，一個貴婦有一隻兩克拉的鑽石戒指鬆動了，需要堅固一下，她在拿出戒指前鄭重地問彼得森跟誰學的手藝，當得知面前這個首飾匠是卡辛的徒弟時，她就放心地把戒指交給了他。

這對彼得森來說是一個重大發現，想不到卡辛的名字在這些有錢人中有如此分量，他馬上想到借助卡辛的名氣攬生意。也正是從此開始，他深刻地意識到了聲譽的重要性。

儘管自己和師傅之間有一段無法說清的恩怨，但是他從心裡還是對老師心存感激。彼得森靠著「卡辛的徒弟」這塊招牌幹了兩三個月，生意不錯。這時，西州的一家戒指廠的生產線出了問題，急需一個有經驗的工匠做裝配。

在聽說彼得森的名氣後，這家戒指廠商慕名請他去負責，他愉快地接受了這一工作。有很多人慕名來找他加工首飾，他都一一熱情接待，把業餘時間都用在加工首飾上。當然，他每星期的收入也開始明顯增多，有時可賺到一百七十多美元。這樣，他一邊在工廠工作，一邊加工首飾，終於在經濟大蕭條的年代裡渡過了失業難關，生活也得到了極大的改善。

在生活中，不論你處在何種環境中，你每天都會碰到一些人，你對他們怎樣呢？你是否只是望望他們？還是會試著去瞭解他們的痛苦？比方說一位郵差，他每年要走很多路，才能把信送到你的門口，這是不是一種疲於奔命的痛苦呢？比方說一位街角的乞丐，他望著你的目光和破舊的衣裳於他而言是不是一種痛苦？大街上向你迎面走過來的人滿臉憔悴，他究竟又有著怎樣痛苦的故事？如果學會了克服痛苦的方法，就能把這些痛苦轉化成人生中的一種快樂。

如果你正處於無法忍受的痛苦之中，那麼就請記住這句話：「如果有一顆檸檬，就用它做一杯檸檬水。」你會因為這杯檸檬水快樂，從而獲得更多的幸福。

學會享受人生的羈絆

很多時候，我們都喜歡假設，假設自己非常漂亮、身材又好，假設當初能再堅持一下，假設我嫁給了愛我的人而不是我愛的人，假設第一次創業沒有失敗，等等，如果這些假設都能夠成立，那麼這個世界一定會變得非常完美，至少是我們認為的圓滿。

遺憾的是，人生不過是一張單程車票，所有走過的、經歷過的都成為不可更改的事實和歷史。如果這些事實是幸運的，帶著祝福，帶著快樂，我們自然願意歡歡喜喜地接受。如果是不幸的，帶著傷害，帶著眼淚，我們的心就會排斥，不願接受，就會掉進各種假設的陷阱，悔恨、懊惱、失望、自責，直至身心俱疲。無論你願意接受還是不願意接受，這就是生活的真相，且無法更改一絲一毫。

一天，森林之王獅子來到天神的面前：「我很感謝你賜給我如此雄壯威武的體格、如此強大無比的力氣，讓我有足夠的能力統治這整片森林。但是儘管我的能力再好，每天雞鳴的時候，我總是會被雞鳴聲給嚇醒。神啊！祈求您，再賜給我一種力量，讓我不再被雞鳴聲給嚇醒吧！」

天神笑道：「你去找大象吧，牠會給你一個滿意的答覆的。」

獅子興沖沖地跑到湖邊找大象，還沒見到大象，就聽到大象跺腳所發出的「砰砰」響聲。獅子飛快地跑向大象，卻看到大象正氣呼呼地直跺腳。

獅子問大象：「你幹嘛發這麼大的脾氣？」

大象拼命搖晃著大耳朵，吼著：「有隻討厭的小蚊子，總想鑽進我的耳朵裡，害我都快癢死了。」

獅子離開了大象，心裡暗自想著：「原來體形這麼巨大的大象，還會怕那麼瘦小的蚊子，那我還有什麼好抱怨的呢？畢竟雞鳴也不過一天一次，而蚊子卻無時無刻不在騷擾著大象。這樣想來，我可比他幸運多了。」

獅子一邊走，一邊回頭看著仍在跺腳的大象，心想：「天神要我來看看大象的情況，應該就是想告訴我，誰都會遇上麻煩事，而他並無法幫助所有人。既然如此，那我只好靠自己了！反正以後只要雞鳴時，我就當作雞是在提醒我該起床了，如此一想，雞鳴聲對我還算是有益處呢。」

人生是沒有一帆風順的，因為你的另一半命運是掌握在上帝的手中，它總愛這麼捉弄人，灑下不幸和痛苦，但聰明人不恨它，反而感謝它，因為人生在得到金錢、地位、名譽、健康或美貌後，還需要逆境作陪襯，這才算是真正的人生。

有個成語叫「木已成舟」，聽到這個詞，就會覺得人生有很多無奈，但有些事情是我們不能把握和控制的。既然已是既成事實，我們就不要再為成舟前的那塊木頭做各種假設，也許在能工巧匠的手下，它可能變成一張典雅而高貴的梳粧檯，或者經過不同程序的加工會變成一張張潔白的紙，總之在沒有變成舟之前，它的命運有很多種。可是，既已成舟，意味著「放棄」了其他所有可能的命運，只能以舟的形式存在著，就算不喜歡，甚至厭惡，也不能改變。

既然木已成舟，再多的抱怨也無濟於事，我們就只能接受，接受遭遇的不公，接受生活的真相。就像我們打撲克的時候，無論抓到的是一手好牌還是爛牌，都要想辦法，發揮出最高的水準去贏牌。勇於接受生活真相的人，才能成為真正的強者。

經常觀看全美職業籃球聯賽（ＮＢＡ）的人都知道，黃蜂隊有一位身高僅一百六十公分的運動員，他就是柏格斯——ＮＢＡ最矮的球星。

即便是對普通的男人來說，身高一百六也是一種缺憾。但是柏格斯卻接受了自己身材矮小這個無法改變的事實，毫不氣餒，自信而努力地在「長人如林」的籃球場上競技，並且躋身大名鼎鼎的ＮＢＡ球星之列。

從小就喜愛籃球運動的柏格斯，因身材矮小，在一起玩球的夥伴們都瞧不起他。有一天，柏格斯很傷心地問媽媽：「媽媽，難道我就這樣不長個了嗎？」

媽媽鼓勵他：「孩子，你會長得很高很高，只要你努力，你一定會成為大球星。」從此，長高的夢像天上的雲在他心裡飄動著，每時每刻都在閃爍希望的火花。

柏格斯一直苦練球技，雖然身高不如其他隊員，但是每次自己所在的隊伍總是贏球，柏格斯也逐漸成了球隊的明星。「業餘球星」根本不是自己的籃球理想，柏格斯的野心更大了，他想進入ＮＢＡ，但是將面臨更嚴峻的考驗——一百六十公分的身高能打好職業賽嗎？柏格斯橫下一條心，個兒矮也能闖天下。

柏格斯在威克·福萊斯特大學和華盛頓子彈隊的賽場上，收走了從下方來的九成的球。柏格斯簡直就是個「地虎」，他飛速地低運球過人……後來，柏格斯進入了夏洛特黃蜂隊（當時名列ＮＢＡ第三），在他的技術分析表上寫著：投籃命中率五成，罰球命中率九成。

柏格斯能以一百六十公分的身高名揚ＮＢＡ，不是靠僥倖或者運氣，而是個人的努力和實力。當年柏格斯與兩百二十幾公分米的「竹竿」肖恩·布萊德利並肩而立，高度的反差形成鮮明的對比，這成為ＮＢＡ的宣傳海報素材，就是要告訴所有熱愛籃球的年輕人：來ＮＢＡ，只要你有真本事，不管身高多少都能站住腳。當然，隨後的歲月證明了這張海報的預言僅僅對了一半：柏格斯成功地撰寫了ＮＢＡ的歷史，布萊德利卻沒有混出什麼名堂。

不要抱怨上天給予自己的不夠多，也不要抱怨自己的命運是如何的坎坷，很多有所成就的人，比如霍金、貝多芬、海倫・凱勒，並不是因為上天多麼垂青他們，而是因為他們勇於接受事實，接受生活的真相。

有人說，不幸是催生美好的力量。沒錯，如果曹雪芹沒有經歷顛沛流離、人生失意的挫折，我們能閱讀到那不朽的《紅樓夢》嗎？如果李白真的官場得意、平步青雲，他還能吟出千古傳誦的浪漫詩篇嗎？

遭遇不幸，更多的人會拿假設來慰藉自己，這本無可厚非，但若是沉溺其中，這些假設就會成為心靈的枷鎖，束縛你追求成功的力量。所有發生的事情，都是註定無法改變的真相。你若想否認這些事實，其實就是在否定自己。我們要學會接受真相，不和過去的任何事情較勁，才有精力去「改造」不盡如人意的命運。

有人說過：人生因為遺憾而美麗！如果我們不能把不幸看作是上天給我們

的另一種恩寵，那麼不妨就試著讓自己接受。人生時有不如意，一味地抱怨生活，天空永遠佈滿陰霾，學會接受，天空才會是一片豔陽天。

愛上自己的不完美

你有沒有過這樣的感受？清晨，當你站在鏡子前面，仔細端詳著自己的臉龐，一會兒覺得自己的眼睛小了一點，一會兒又覺得鼻子不夠挺拔；你覺得臉上的毛孔太過粗大，甚至還長了幾顆小痘痘，你覺得自己的臉龐不夠小巧，嘴唇不夠性感，身材不夠迷人……

相信不少人有過這樣的想法，總認為自己不完美、處處不如人，於是自慚形穢、悲觀失望，乃至自卑自憐、自暴自棄，不能夠從容地與人交往，更不能出色地發揮自己的才華。

實際上，每個人都有自己的優勢，同樣地也不可避免地有自己的不足，但是這並不能夠成為我們失意的藉口。正如美國總統羅斯福的夫人艾莉諾・羅斯福所說：「沒有你的同意，誰都無法自卑。」如果你想掌握人生主動權，那麼當你對自己有不滿、失意感和自卑時，請靜下心來認真地檢視自己，找到自己的價值所在，並且學會對自己說：「我已經夠好了！」

時常對自己說：「我已經夠好了」，這實際上就是對自己的尊重與認可，也是成就自己的前提條件。用自信做後盾，學會自我拯救和自我完善永遠是最重要的，也是贏得別人欣賞的方式。

回想一下，你沒有高大的身材，但有淵博的學問也能讓你看起來更高大；你沒有美麗的容顏，可是有動人的聲音，同樣可以讓你受到矚目；你不擅長演講，但你很善於傾聽，後者同樣是一種讓人喜歡的好習慣……

由此可見，你其實也是有優點的，你已經夠好了。

這樣做了之後，對待生活和工作你便更能面帶笑容、神采奕奕、朝氣蓬勃、信心百倍，臉上永遠泛著自信的光芒，並且能夠用熱情感染周圍的人，掃去別人臉上的陰霾，化解別人心中的苦悶。

對自己說已經夠好了，似乎會被不少人認為是自以為是、孤芳自賞。其實不然，這能讓我們更加清楚地認識自己的優點、肯定自己的價值。一個有價值又有自信的人怎麼會被失意打敗呢？每天信心十足地生活有何不好。

對於喜歡體操的人來說，很少有人不知道那個金髮、美頸、長腿的她，無可挑剔的容貌加之舉手投足間的貴族氣質，能給體操注入不同尋常的東西，散發出成熟女性的美，俄羅斯的體操皇后霍爾金娜是體操界少有的奇才。她獲得過一九九六年亞特蘭大奧運會女子高低槓體操冠軍，二〇〇〇年雪梨奧運會女子高低槓體操冠軍。一九九五到二〇〇三年，共奪得十枚世錦賽金牌。還奪得過三次歐錦賽全能冠軍，連續五次奪得歐錦賽高低槓冠軍。

雅典奧運會，廿五歲的她帶著奧運會三連冠的夢想而來。可惜，在一個跳轉動作後，她出現了失誤，堅持片刻後還是掉了下來，最後她只獲得了八點九二五分。金牌拱手讓人，霍爾金娜悲情謝幕。

然而，如一隻高傲的天鵝般的霍爾金娜，一向有自己與眾不同的作風：賽前，她從來不熱身；賽後，她也拒絕承認失敗。在自由體操場地上完成最後一個動作後，她就走到臺下，不屑觀看對手最後一輪的比賽。等她再出現在人們的眼前，傲然的她一邊展開一面俄羅斯國旗，一邊向觀眾招手致意，儼然一派冠軍風度。這時，全場的觀眾都起身鼓掌，他們的掌聲獻給的不是冠軍，而是美麗的冰美人霍爾金娜。

「我依然是奧運冠軍，大家都還會記得我在亞特蘭大和雪梨的表現。」霍爾金娜的瀟灑和在她旁邊為她失去金牌而默默流淚的隊友形成了鮮明的對比。

霍爾金娜就是這麼自信，她說，在她的字典裡，沒有什麼偶像。她的偶像就是她自己。所以，在霍爾金娜的人生中，她永遠是自己的冠軍，永遠不會對自己失去信心。

每個人都在出演自己人生當中的主角，而每個人的一生都是一場獨一無二的電視劇。在這場以人生為背景的戲裡，你的角色、戲分沒有人能夠取代，因為真正的偶像是你自己。

活著的意義不是追求成功，而是一種活著的體驗。那麼就讓我們在活著的時候好好享受活著的一切，包括我們生活中的不完美，學會享受那些許的殘缺之美。

在我們生命中有很多的不完美，但正是這些不完美才讓我們成為了自己。與其痛苦地掙扎在對與錯的邊緣，還不如穩穩地坐在矛盾、隱晦中，好好享受錯誤中的喜悅。

如果我們完全追求絕對的完美，那麼我們內在的空間將會變得渺小，永遠都不要對自己說如果我那樣做就會怎樣怎樣，心告訴我這樣做那我就這樣做，結果是什麼只能順其自然。

不用去羨慕、想成為那個看似完美的別人，他是他，我是我，他永遠都做不了我，我也永遠都做不了他，還是好好愛自己，愛上不完美的自己，愛上自己的不完美。

第五章　不要成為「別人嘴裡」的犧牲品

儘早知道自己想要什麼

套用英特爾公司前總裁格魯夫的話——**人生最奢侈的事就是做你想做的事**，那麼**人生最奢侈的生活就是過上自己想要的生活**。

一位名叫希瓦勒的鄉村郵遞員，每天徒步奔走在各個村莊之間。有一天，他在崎嶇的山路上被一塊石頭絆倒了。他發現，絆倒他的那塊石頭樣子十分奇特，他拾起那塊石頭，左看右看，有些愛不釋手了。於是，他把那塊石頭放進自己的郵包裡。

村子裡的人看到他的郵包裡除信件之外，還有一塊沉重的石頭，都感到很奇怪，便好意地對他說：「把它扔了吧，你還要走那麼多路，這可是一個不小的負擔。」

他取出那塊石頭，炫耀地說：「你們看，有誰見過這樣美麗的石頭？」人們都笑了：「這樣的石頭山上到處都是，夠你撿一輩子。」

回到家裡，他突然產生一個念頭，如果用這些美麗的石頭建造一座城堡，那將是多麼美麗啊！

於是，他每天在送信的途中都會找幾塊好看的石頭。不久，他便收集了一大堆，但建造城堡的話數量還遠遠不夠。

於是，他開始推著獨輪車送信，只要發現中意的石頭，就會裝上獨輪車。

此後，他再也沒有過上一天悠閒的日子，白天他是一個郵差和運輸石頭的苦力，晚上他又是一個建築師。他按照自己天馬行空的想像來構造自己的城堡。

所有人都感到不可思議，認為他的大腦出了問題。

二十多年以後，在他偏僻的住處，出現了許多錯落有致的城堡，有清真寺式的、有印度神教式的、有基督教式的……當地人都知道有這樣一個性格偏執、沉默不語的郵差，在幹一些如同小孩建築沙堡的遊戲。

一九〇五年，波士頓一家報社的記者偶然發現了這群城堡，這裡的風景和城堡的建造格局令他慨歎不已，為此寫了一篇介紹希瓦勒的文章。文章刊出後，希瓦勒迅速成為新聞人物。許多人都慕名前來參觀，連當時最有聲望的大師級人物畢卡索也專程參觀了他的建築。

在城堡的石塊上，希瓦勒當年刻下的一些話還清晰可見，有一句就刻在入口處的一塊石頭上：「我想知道一塊有了願望的石頭能走多遠。」

據說，這就是那塊當年絆倒希瓦勒的第一塊石頭。

其實有了願望的不是石頭，而是我們的內心有了一股強大的信念，這個信念就是「做你想做的事情」，許多人之所以不平凡，是因為他們能夠清醒地認識到一點：自己想過什麼生活，想要什麼樣的人生。想做什麼樣的事，當他們有了這個信念後，任何苦難都是微不足道的。

從小學開始，我們就被老師和家長逼迫樹立自己的理想。寫作文的時候，我們會敷衍地寫出「醫生」「律師」「科學家」之類的空頭名號。在不清楚職業內容的情況下，何談「想要什麼」？

高中畢業，選擇專業，進入大學就讀，順利畢業，找到工作。大多數人的生活軌跡都是這樣平平穩穩，無驚無喜的。恍然有一天，疑惑自己到底在做什麼，自己到底想要的是什麼？很多人頭痛難忍，想不清楚，然後用「反正幾乎所有的人也都是這樣活著，不知道自己要的是什麼，找不到生活的方向，我還不是照樣活著」的話來安慰自己。如果問他們「你真正想要的是什麼」，他們或許會反問「我為什麼一定要知道這個問題的答案」？

我們不斷地在不同的演講、勵志書籍中聽到、看到「做你真正想做的事」這句話，聽得耳朵都出繭了，但是，真正能做到的有幾人？

有時候並非是障礙讓我們無法隨心所欲，而是我們根本不清楚自己想做什麼！太多的人不敢問，因為害怕失望而不敢提出疑問，心存僥倖得過且過。

史蒂夫・賈伯斯在史丹福大學的演講中，談到我們曾經聽過無數遍的忠告：你必須找到你自己真正喜歡的東西，在工作上是這樣，在愛人上也是這樣。工作會佔據你生命的一半，真正滿足自己的唯一方法，就是做你認為值得的工作，而能讓你覺得自己的工作偉大的唯一方法，就是喜歡你正在做的事。

那麼，問題自然地出來了，我們如何才能儘早知道自己想要什麼。這是一個很大的問題。讓我們沮喪的是，我們總是聽到別人告誡自己一定要做自己喜歡的事，但是從未一步一步教會我們如何找到自己喜歡做的事。

為什麼有這麼多人在尋找自己喜歡做什麼的時候遇到困難呢？因為**他們從未真正審視自己**。

在生活和工作節奏這麼快的現代社會，花時間和自己在一起，似乎成了無所事事的標記，人們總是通過持續地做某件事情，不管是玩遊戲、和朋友一起聚會，還是參加各種職業培訓班等來證明自己的存在。做這些事本身沒有任何問題，但是卻讓人懷疑大多數人都有著「我每分鐘都要做一件事情，因為我不能跟自己獨處」的心態。人們想盡辦法充實自己生活的每一個角落，但現實卻恰恰相反，人們越忙碌越不知道自己要什麼。

現在，讓我們開始吧。

第一步：對自己說，你一定會找到答案。

給自己肯定的心態，你可以找到答案。這個過程會花費很長的時間，但沒有關係。確定感可以幫助你逐步獲得「反自我放棄」的身體機制，避免在尋找答案的過程中，因失望而放棄。

第二步：列出自己的願望清單和技能清單。

不要覺得你可以在自己的頭腦裡做這一切，拿張紙，寫下來。列出每一個你想得到的興趣和每一種哪怕微不足道的技能。也可以想想自己對什麼不感興趣，然後寫下對應面。或許你會發現技能和興趣的重合，將那些記下來，用於第三步。

第三步：留出一些真正獨處的時間，集中精神，通過問自己正確的問題來描繪自己想要做的事。

人們留出時間聽音樂、烹飪、看電影、讀書，但對關乎未來的事情，從來不曾留下任何時間，這讓人很驚奇。在獨處的時候，你必須問自己一個十分清楚的問題，清楚在這裡是關鍵，問題越清楚，答案也就會越簡單。不要一上來就問自己「我喜歡做什麼？」這樣的問題太寬泛，讓我們把它變窄點，嘗試著問自己：

我在日常生活中喜歡什麼，能夠同時利用我的能力和興趣，為自己和別人創造價值？

這種價值是通過什麼方式創造的？

這種價值創造如何與事業結合在一起，通過什麼方式賺錢？

即便某個答案看起來很荒謬，也請你寫下來。寫下你所有的答案，仔細流覽，你會發現，你寫下答案並且看著它們，這會驅使你萌生想寫新答案的念頭，可能讓你注意到以前不曾關注的領域和答案，你會為你所寫的東西而感到驚奇。你會知道，你想要的到底是什麼，是你正在努力的，還是你曾經放棄的。

自己拿主意，不要被別人所左右

做人最可貴的事情莫過於堅持自己的看法，而不是盲目從眾，以致在別人的觀點裡迷失了自己的人生路。

美國著名女演員索尼亞・斯米茨的童年是在加拿大渥太華郊外的一個牧場裡度過的。

當時她在農場附近的一所小學裡讀書。有一天她回家後很委屈地哭了，父親就問原因。她斷斷續續地說：「班裡一個女生說我長得很醜，還說我跑步的姿勢難看。」

父親聽後，只是微笑。忽然他說：「我能摸得著咱家的天花板。」正在哭泣的索尼亞聽後覺得很驚奇，不知父親想說什麼，就反問：「你說什麼？」

父親又重複了一遍：「我能摸得著咱家的天花板。」

索尼亞忘記了哭泣，仰頭看看天花板，將近四米高的天花板，父親能摸得到，她怎麼也不相信。

父親笑笑，得意地說：「不信吧，那你也別信那女孩的話，因為有些人說的並不是事實！」

索尼亞就這樣明白了，不能太在意別人說什麼，要自己拿主意！

她在二十四五歲的時候，已是個頗有名氣的演員了。有一次，她要去參加一個集會，但經紀人告訴她，因為天氣不好，只有很少人參加這次集會，會場的氣氛有些冷淡。經紀人的意思是，索尼亞剛出名，應該把時間花在一些大型的活動上，以增加自身的名氣。索尼亞堅持要參加這個集會，因為她在報刊上承諾過要去參加，「我一定要兌現諾言」。

結果，那次在雨中的集會，因為有了索尼亞的參加，廣場上的人越來越多，她的名氣和人氣因此驟升。

後來，她又自己做主，離開加拿大去美國演戲，從而聞名世界。

自己拿主意，當然並不是一意孤行、孤芳自賞，而是忠於自己，相信自己，不輕易被別人的思想所左右。但是生活中，人人都難免有從眾心理，常常會顧及面子而隨順他人的思想和認知，從而失去了獨立的判斷，處處受制於人。這真是一種莫大的悲哀，作為一個人，我們要有自己的主見，不可盲目地追隨別人。

當別人對你說「快看這兒！」或「快瞧那兒」的時候，請你不要盲目地追隨他們，因為幸福世界就在你的心中。其實，何止是幸福呢，包括做人做事都是這樣，你不能在聽了別人對自己的看法後，就依著他們的喜好來改變自己，你要按照自己的個性生活，盡情地去展示自己的天性和美麗，而不是盲目地追隨別人。

每個人都會在乎別人的看法，但是，任何事物都有一個「度」，一旦你讓別人的看法代替自己的看法，這就是一個危險的信號了。雖然人都是群居動物，難免有從眾心理，但是人生的路還是要靠自己走，一味地人云亦云，被人牽著鼻子走，最後只會迷失自己，得不償失。

不必追求每個人都滿意

活得累，是現代人的普遍感受，這很大程度上是因為追求完美。可是也許你已經發現，不管自己如何努力，行為如何正確，自我反省如何深刻，都永遠達不到所有人對自己的要求。世界是這麼大，社會是這麼複雜，人的思想觀點是這麼的不同，企求人人一致地贊同一件事，是難乎其難，甚至是不可能的。聰明的人，就應該在此時避重就輕，創造一種心理導向的效應。

每個人都有自己的感覺，都會根據自己的想法來看待世界。所以，不要試圖讓所有的人都對你滿意，否則你將永遠也得不到快樂。

父子倆牽著驢進城，半路上有人笑他們：「真笨，有驢子不騎！」

父親便叫兒子騎上驢，走了不久，又有人說：「真是不孝的兒子，竟然讓自己的父親走路！」

父親趕快叫兒子下來，自己騎到驢背上，又有人說：「真是狠心的父親，不怕把孩子累死！」

父親連忙叫兒子也騎上驢背。誰知又有人說：「兩人都騎在驢背上，不怕把那瘦驢壓死？」

父子倆趕快溜下驢背，把驢子四肢綁起來，用棍子扛著。經過一座橋時，驢子因為不舒服，掙扎了起來，結果掉到河裡淹死了！

很多人做人做事就像這故事中的父親，人家叫他怎麼做，他就怎麼做；誰抗議，就聽誰的！結果呢？大家都有意見，而且大家都不滿意。

一個人想面面俱到，不得罪任何人，又想討好每一個人，那是絕對不可能的！因為在做人方面，你不可能顧到每個人的面子和利益，你認為顧到了，別人卻不這麼認為，甚至根本不領情的也大有人在。在做事方面，你也不可能顧到每個人的立場，每個人的主觀感受和需要都不同，你要讓每個人滿意，事實上，就是讓所有人都不滿意！

結果呢？為了面面俱到，反而把自己累壞了，而因為怕對方不滿意，還得察言觀色，揣摩別人的心思，這多麼辛苦啊！

那應該怎麼做？**做你該做的**！也就是說，你認為對的，就不受動搖地去做，參考別人的意見要看意見本身，而不是看別人的臉色。這麼做有時確實會讓一些人不高興，但你的不受動搖，卻可贏得這些人事後的尊敬，畢竟人還是服膺公理的，除非你的堅持純屬是為了私心！

這麼做，會有人稱讚你，也會有人罵你，但凡想面面俱到的人，結果是每個人都會嘲笑你——就像故事中的父子！

俗語說：豈能盡如人意，但求無愧我心！就像蘿蔔白菜各有所愛一樣，所以，不要奢望做一個人人都滿意的橘子，那是不可能的事情！

某位詩人一次把自己的得意詩作拿到廣場上去展覽，很自信地對觀眾說：「如果你們認為有敗筆，盡可以指出。」

到了晚上，詩人的作品上標滿了記號，人們挑出了無數他們認為是敗筆的地方。詩人非常不甘心，他靈機一動，又寫了一首完全相同的詩拿到廣場上展出，不同的是，他請觀眾標出詩中的妙處。

結果到了晚上，詩人看到所有曾被指責為敗筆的地方，如今都換上了讚為妙筆的記號。詩人的結論是：「我發現了一個奧秘，那就是不管我們幹什麼，只要使一部分人滿意就夠了，因為在有些人看來是醜惡的東西，在另一些人的眼裡，恰恰是美好的。」

詩人的大悟，可以作為我們對是非、誹謗的一種基本態度；而詩人的這種做法，也可以作為我們在一定程度上考慮如何減輕是非、誹謗這個問題的基本出發點。

心理學家指出，如果給兩組完全相同的人，一組人像下寫「殘暴」「兇惡」「狠毒」一類的詞，一組人像下寫「果敢」「勇毅」「頑強」一類的詞，請兩組測試者對人像作職業估計，那麼前一組人像很可能就被猜為罪犯，而後一組人像就可能被猜為軍人。就像人們往往把銀幕上、球場上的明星作為偶像，把表演中的人當作生活中真實的人一樣。人類的內心有一種很強烈地接受外界暗示，通過語言、形象的傳播媒介樹立形象的欲望，它構成了所謂的「心理導向效應」。詩人的「敗筆」「妙筆」完全相反的兩種評價結果，正是基於這種效應產生的。

瞭解了這一點之後，如果要使自己擺脫困境，減小壓力，爭取更多的贊同，就可以根據不同的情況採取不同的措施。讓每一個人都滿意是不可能的，也是沒有必要的。

事實上，一個人是不可能讓所有人都對你滿意的，即使已經盡心盡力地做了，還是會有讓別人不滿意的地方。如果所有的人都對你滿意，表示你這個人必定有問題。因為如果做了壞事，好人會罵你；做了好事，壞人會罵你。

至於自己是否有他們所想的那麼壞或那麼好，只有自己知道。因此，最重要的是要對自己的良心、對自己的努力奉獻負責；別人對你的批評、要求，那都是其次的。

如果太在乎別人的讚美，會變得驕傲、得意；太在意別人的批評，會覺得懊惱、無奈，對你或是對事情都會有不好的影響。所以，最好的方法應該是：

隨時保持心的平靜，把事做好。

不要對自己太苛刻，工作上給自己定一個能達到的目標，只要對得起自己的努力和良心，不要太在意外人對你的評價，否則，遇到挫折就可能導致身心疲憊，萬念俱灰。不要為了讓周圍每一個人都對你滿意而處處謹小慎微，不要為了顧及他人的眼光而改變自己的言行，不要為了讓所有人滿意而委屈了自己，我行我素在必要時還是需要的。

選擇自己喜歡的，而不是別人滿意的

當你自己看中了一件衣服，而身邊的朋友卻都說不好看，那麼你多半不會力排眾議，下決心購買的。因為你不想穿一件大家認為很難看的衣服，你會想既然別人都說不好看，那一定是真的不好看。不僅僅是在選擇衣服上，在其他諸如選擇工作、愛人等很多方面，我們都會犯這個毛病。結果常常是按別人的標準做了選擇，卻忽略了自己內心的真正感受。

社會生活就是一齣戲，每個人都扮演其中一個角色。扮演者的行為舉止應和角色相符。但他們往往做不到，因為他們常常會遭到排斥，受到旁人的譏笑。你可能並不樂意扮演你所分配到的角色，劇組又不同意你更換，你應該意識到你有離開劇組、選擇另一齣戲的自由。

一位作家指出：我們此生不一定要成大名，立大功。可是，我們一定要明白自己的夢想，並把它具體化，使它成為可能，然後去追求它，去實現它。追尋夢想是一種幸福和快樂。你也曾體會過這種幸福和快樂嗎？

現實生活中，又有多少人是因為自己喜歡而選擇了現在的生活模式，而不是迫於別人的意志去演那個大家喜歡的「角色」？忙的時候就像陀螺，一旦停下來，就會覺得空虛，不知道自己生活的目的是什麼，生活就成了為「演戲」而「演戲」，不但沒有幸福和快樂，還讓人感到痛苦不堪。

所有人都希望自己的生活方式是被大家羨慕的，卻忘記了自己是不是真的喜歡。所有的人也都希望自己在生活中扮演的角色是大家喜歡的，卻忘記了自己是不是真的喜歡。他們選擇了別人喜歡的，而不是自己喜歡的，所以註定要忍受更多的寂寞、痛苦和空虛！

不要在別人給的榮耀裡忘乎所以

當一個人獲得了某種榮耀的時候，尤其是那種很難得的、經過了自己的不斷努力才獲得的榮耀，高興的心情自然不用多描述了。但是當我們手捧著鮮花，聽著別人的溢美之詞的時候，一定要控制自己高興的情緒，不能忘乎所以。要知道那些榮耀都是別人給的。

不是有句話說「水能載舟，亦能覆舟」嗎？如果你不能冷靜地對待，一味地在那份榮耀裡耀武揚威，忘乎所以，這樣的表現豈不是和範進中舉差不多嗎？

范進窮一生之力於應舉，雖然屢遭挫敗，仍寄望甚深，直到五十四歲才中秀才。後來他打算去應鄉試，卻被胡屠戶奚落，叫他死心，但他寧可讓家人挨餓也要再去應考。及至中舉，他竟然歡喜得發了瘋。如果人人都像范進，得了榮耀就喜得不省人事，那真是太悲哀了。

有這樣一個寓言故事：

一隻貓在主人給準備好的食物面前美美地飽餐了一頓，顧不上洗臉，鼻子上還沾著奶油，就打了個哈欠，伸了個懶腰，呼呼睡著了。這時，一隻饑腸轆轆的老鼠，嗅到了奶油的香味，牠實在是太餓了，以致沒有看清這正是自己的天敵——貓，莽莽撞撞張開嘴就咬。

「哎喲！」一聲慘叫，被疼痛驚醒的貓，一時也沒弄清是怎麼回事，還以為是主人看自己在睡懶覺而教訓自己呢，叫了一聲就逃之夭夭了。

消息傳開，這位莽撞的老鼠在整個鼠國很快就家喻戶曉了，牠被同伴們視為無畏的勇士，於是牠便成了鼠類的驕傲。

「您為我們出了一口氣，以前只有我們見貓逃的份，今天竟然是貓逃走了。在我們鼠類歷史上還是第一次，您將永垂史冊。」鼠國的所有成員都誇獎牠說。

從此，無論這位鼠英雄走到哪裡，哪裡都有鮮花和歡呼圍繞，還有漂亮的鼠小姐們對牠頻送秋波，脈脈含情。就這樣，這位英雄也慢慢相信自己真的是貓的剋星，不知不覺變得趾高氣揚起來。

誰知沒過多長時間，這隻鼠勇士又碰上了那隻倒楣的貓，牠暗自高興，這次又可以大顯身手了，再給貓一個重創，抓瞎牠的眼睛，用更大的勝利贏得更高的榮譽與尊敬。

可是牠怎麼也沒料到，自己哪裡是貓的對手？這次貓看到牠不僅沒有逃走，而且主動進攻，要不是牠逃得快，命都沒了，但是牠的尾巴還是被咬掉了半截，身體也受了傷。

這倒楣的消息也不脛而走，又轟動了整個鼠國。這次大家卻不是用鮮花和歡呼迎接牠，取而代之的卻是鋪天蓋地的咒罵和唾沫：「懦夫！小丑！真是丟臉！」往日的英雄再沒有人理睬，別說老鼠姑娘們的青睞，就是走路也得藏著半截尾巴，低著腦袋。

獲得榮耀的確是人生的大喜事，但我們不能在這份榮耀裡忘乎所以，以致無法駕馭自己的情緒，最後輸得一敗塗地。

沒有自知之明的人，一味地炫耀自己僥倖得到的榮耀，只能得到失敗的苦果。對於一些虛無縹緲的東西，哪怕是自己獲得的榮譽，也最好放在內心自己欣賞，而絕不可當眾誇耀。那些榮譽都是別人給你的，別人既然能給你，也就能夠收回。所以，不要在別人給的榮耀裡樂得翹尾巴，這不僅是一種缺乏修養的表現，更是處世做人的一大忌諱。

人生要攀登無數個高峰，獲得一種榮耀就意味著我們勝利攀登上了一個高峰。但我們不能醉心於讚揚和掌聲，沾沾自喜，忘乎所以，以致不能自拔，而是應該把理性的目光投向下一個高峰，去迎接新的挑戰！

承認錯誤是尊重自己

沒有人喜歡被指責，哪怕自己犯了錯誤。所以，當知道自己犯了錯的時候，最初的、也是最強烈的反應就是為自己辯護、為自己開脫。而實際上，這種文過飾非的態度會使一個人在人生的軌道上越偏越遠。

人生在世沒有人會不犯錯誤，有的人甚至還一錯再錯，既然錯誤無法避免，那麼可怕的不是錯誤本身，而是不敢承認錯誤。

承認錯誤是一種人生智慧，只有對錯誤採取認真分析的態度，才能反敗為勝。現實中，許多人為了面子死不認錯，認死理，只會讓自己一錯再錯，損失更大的「面子」。由此，一個人要想有面子，就不要怕丟面子。孔子說：「過而不改，是謂過矣。」意思是說，犯了一回錯不算什麼，錯了不知悔改，才是真的錯了。

聞過則喜、知過能改，是一種積極向上、積極進取的人生態度。只有當你真正認識到它的積極作用的時候，才能身體力行去聆聽別人的善意勸解，才能真正改正自己的缺點和錯誤，而不至於為了一點面子去忌恨和打擊指出自己過錯的人。聞過易，聞過則喜不易，能夠做到聞過則喜的人，是最能夠得到他人幫助的人，當然也是最易成功的人。

在我們犯了錯誤的時候，總是想得到別人的寬恕，而不是斥責。其實，寬恕是我們的縱容，別人寬恕了我們第一次，我們可能會犯第二次、第三次。我們要學會在犯了錯誤後坦率地承認，並擔負我們該負的責任，而不是怕丟面子，百般辯解，文過飾非。

人非聖賢，孰能無過，知錯能改，善莫大焉。發現錯誤的時候，不要採取消極的逃避態度。而是應該想一想自己應怎樣做才能最大限度地彌補過錯。只要你能以正確的態度對待它，勇於承擔責任，錯誤不僅不會成為你發展的障礙，反而會成為你向前的推動器，促使你不斷地、更快地成長。任何事情都有其兩面性，錯誤也不例外，關鍵就在於你從什麼樣的角度去看待它，以怎樣的態度去處理它。

如果只是顧全面子，不敢承擔責任的話，那最後吃虧的只能是你自己。假如你犯了錯並且知道免不了要承擔責任，搶先一步承認自己的錯誤，不失為最好的方法。自己譴責自己總比讓別人罵好受得多。雖然有些人認識到了自己的錯誤，但沒有勇氣承認，或把犯錯歸結於別的因素。只有極少數人能夠站出來，勇敢地坦白，在他們看來承認錯誤就意味著要受到責罰，卻不知道領導則認為沉默和狡辯正意味著逃脫責任。

喜歡聽讚美之言是每個人的天性。忠言逆耳，當有人尤其是和自己平起平坐的同事對著自己狠狠數落一番時，不管那些批評如何正確，大多數人都會感到不舒服，有些人更會拂袖而去，連表面的禮貌也不會做，令提意見的人尷尬萬分。這樣的結果就是，下一次如果你犯再大的錯誤，也沒有人敢勸告你了。這不僅會讓你在錯誤的路上越滑越遠，更是你做人的一大損失。當我們錯了，就要及時而真誠地承認。

事實上，一個有勇氣承認自己錯誤的人，他不但可以獲得某種程度的滿足感，還可以消除罪惡感，有助於彌補這項錯誤所造成的損失。卡內基告訴我們，傻瓜也會為自己的錯誤辯護，但能承認自己錯誤的人，就會獲得他人的尊重。

其實，如果能坦誠面對自己的缺點和錯誤，拿出足夠的勇氣去承認它、面對它，不僅能彌補錯誤所帶來的不良後果，而且能加深領導和同事對你的良好印象，從而很痛快地得到原諒。這不但不是「失」，反而是最大的「得」。

如果你總是害怕承認自己曾經犯錯，那麼，請接受以下的這些建議：

假若你必須向別人交代，與其替自己找藉口逃避責難，不如勇於認錯，在別人沒有機會把你的錯到處宣揚之前，對自己的行為負起責任。

（1）如果你在工作上出錯，要立即向領導彙報自己的失誤，這樣當然有可能會被大罵一頓，可是上司的心中卻會認為你是一個誠實的人，將來也許會對你更加器重，你所得到的可能比你失去的還多。

（2）如果你所犯的錯誤可能會影響到其他同事的工作成績或進度時，無論同事是否已發現這些不利影響，都要趕在同事找你「興師問罪」之前主動向他道歉、解釋。千萬不要企圖自我辯護，推卸責任，否則只會火上澆油，令對方更感憤怒。

每個人都會犯錯誤，尤其是當你精神不佳、工作過重、承受太沉重的生活壓力時。偶爾不小心犯錯是很普通的事情，關鍵是犯錯後要用正確的態度對待它。犯錯誤不算什麼罪大難饒的事，「有則改之，無則加勉」，只有放下了面子，不再固守所謂的自尊，人才能坦誠地面對自己，面對別人。

別人的建議要理智對待

人有一個習慣，常常會不自覺地問問別人，自己的衣著、言談、工作表現等如何。其實，這也是一個潛在的虛榮心的體現。

芸芸眾生，蒼茫宇宙，我們生而為人，就註定不能孤獨存在，更不能按照自己的意志去生活。我們的父母、老師、朋友等，都會關注我們的成長，在很多時候，我們都會得到來自他們的建議。這些建議的初衷也許是好的，但我們在關注這些建議的同時也要客觀審視它們，堅決不能為了自己的虛榮心而盲目接受這些建議，因為即便是好的建議，也不一定都適合自己。

我們時常會遇到這樣的情況，當我們需要做出一個決定的時候，尤其是在我們取得一些成績的時候，總是有很多熱心的人給我們出主意：張三認為這樣會更有發展前途，李四、趙五也忙著附和。這時候，他們的建議非常容易被採納，因為他們對你的成績給予了肯定，這在一定程度上滿足了你的虛榮心，而且他們的建議從表面上看又確實是為你著想，他們的本意也許都是好的，可是，他們的建議是否可行呢？這就需要你理智地對待，不要盲目接受，否則到最後後悔也來不及了。

有一隻兔子，身材很修長，天生就很會「跳躍」，所以牠一直有著「跳遠第一名」的美譽，為此，牠感到無比自豪和光榮。

一天，森林裡的國王宣佈，要舉辦運動大會，以提倡全民運動。於是，兔子就報名參加跳遠項目。果然兔子又擊敗了雞、鴨、鵝、小狗、小豬……奪得了跳遠比賽的冠軍。

後來，有一隻老狗告訴兔子：「兔子啊，其實你的天分資質很好，體力也很棒，你只得到跳遠一項金牌，實在很可惜。我覺得，只要你好好努力練習，你還可以得到更多比賽的金牌啊！」

「真的啊？你覺得我真的可以嗎？」兔子似乎受寵若驚。

「沒錯，只要你好好跟我學，我可以教你跑百米、游泳、舉重、跳高、擲鉛球、馬拉松……你一定沒問題啊！」老狗說。

在老狗的慫恿之下，兔子開始每天練習跑百米、早晚也跳下水游泳，遊累了，又上岸，開始練舉重；隔天，跑完百米，趕快再練跳高，甚至撐著竿子不斷往前衝，也想在撐竿跳比賽中奪魁。接著，又擲鉛球，也跑馬拉松……

第二屆運動大會又來了，兔子報了很多項目，可是牠跑百米、游泳、舉重、跳高、擲鉛球、馬拉松……沒有一項入圍，連以前最拿手的跳遠，成績也退步了，在初賽就被淘汰了。

有些人虛榮心本來就很強，再加上別人的慫恿，就以為自己無所不能。既可以當演員，又可以做作家；既可以是演說家，又能當主持人；既可以參選民意代表，又能參與公益活動，更能投資開公司、當老闆……最後的結果往往是一事無成，落得竹籃打水一場空的下場。

作為一個具有正常思維的人，誰都不會漠視他人對自己的評價，我們謹言慎行就是不願意授人以柄。很多時候，他人的議論，他人的觀點，他人的態度，都會對我們的心情和行為產生極大的影響。他人的意見往往是我們自己行為的鏡子，我們總是在別人的目光中調校著自己的人生座標。那麼是不是校正的結果就一定是好的呢？同理，不校正的結果就一定是壞的嗎？

一群青蛙在高塔下玩耍，其中一隻青蛙建議，「我們一起爬到塔尖上去玩玩吧。」

眾青蛙都很贊同，於是牠們便聚集在一起結伴往塔上爬。爬著爬著，其中聰明者覺得不對，「我們這是幹嘛呢，這又乾渴又勞累的，我們費勁爬它幹嘛？」

大家都覺得牠說的不錯。於是青蛙們都停下來了，只剩下一隻最小的青蛙還在緩慢地堅持著。牠不管眾青蛙怎樣在下面鼓噪地嘲笑牠傻，就是堅持不停地爬，過了很長時間，牠終於爬到了塔尖。

這時，眾青蛙不再嘲笑牠了，而是都很佩服牠。等到牠下來以後呢，大家更敬佩得不得了。

到底是一種什麼樣的力量支撐著小青蛙爬上去了呢？

答案出乎意外：原來這隻小青蛙是個聾子。牠當時只看到了所有青蛙都開始行動，但當大家議論的時候牠沒聽見，所以牠以為大家都在爬，牠就一個人在那兒晃晃悠悠地不停地爬，最後就成了一個奇蹟，牠爬上去了。

小青蛙聽不見眾青蛙的議論和嘲笑，也就是說，牠沒有被群體的意見所左右。然而，假設小青蛙不是聾子，聽到別人的議論，牠還會忍受著乾渴和勞累繼續往上爬嗎？恐怕就不一定了。

這個結果似乎有點讓人啞然，但同時也說明了別人的言論力量是多麼大，大到足以決定一個人的成敗。生活中，有些人因為時常顧慮到「別人怎麼說」，只好一年到頭在不知究竟怎樣才好的為難緊張之中團團轉，怎麼也走不出一條路來。這種人，他最大的成就也不過是個不被討厭的人。別人所給他的最大的敬意，也不過是說他一句圓滑周到而已，而就他自己本身來說，因為他終生被驅策在「別人」的意見之下，一定感到頭暈眼花、疲於奔命，把精力全部消耗在應付環境、討好別人上，以致沒有餘力去追求自己的夢想。

當然，一個人不應該獨斷專行，不顧及別人的意見。但我們在聽取別人意見之後，一定要經過自己的認定和理解，用足夠的理智去辨析。有時候，我們應該堅持自己，而不是過分地關注別人的意見。

命運不在別人嘴裡，而在自己手中

美國文明之父——愛默生有句名言：「靠自己成功。」這句話影響了每一代美國人，那些原來在英國統治下獨立的殖民地國家的人民也在典型的美國個人英雄主義影響下，迅速把這個國家建設成為當今世界上的超級強國。

企業家吉姆・克拉克也給過年輕人忠告：「不要凡事都要依靠別人，在這個世上，最能讓你依靠的人是你自己。在大多數情況下，能拯救你的人，也只能是你自己。」

在生命的旅程中，有時候我們難免會陷入各種危機中，而要擺脫這些危機，不要老想著依靠別人，要學會拯救自己。

有一天，某個農夫的一頭驢子不小心掉進一口枯井裡，農夫絞盡腦汁想辦法救驢子，但幾個小時過去了，驢子還在井裡痛苦地哀號著。最後，這位農夫決定放棄，他想這頭驢子年紀大了，不值得大費周章去把牠救出來，不過無論如何，這口井還是得填埋起來。

於是農夫便請來左鄰右舍幫忙一起將井中的驢子埋了，以免除牠的痛苦。農夫的鄰居們人手一把鏟子，開始將泥土鏟進枯井中。

當這頭驢子察覺到自己的處境時，剛開始叫得很淒慘。但出人意料的是，一會兒之後，驢子就安靜下來了。農夫好奇地探頭往井底一看，出現在眼前的景象令他大吃一驚：當鏟進井裡的泥土落在驢子的背部時，驢子的反應令人稱奇——牠將泥土抖落在一旁，然後站到鏟進的泥土堆上面。就這樣，驢子將大家鏟倒在牠身上的泥土全數抖落在井底，然後再站上去。

很快地，這隻驢子便得意地上升到井口，然後在眾人驚訝的表情中快步地跑開了！

沒有人能救得了那頭驢子，只有當牠放棄悲觀與消極，明白只能自我拯救的時候，命運才有可能在山窮水盡之際，給牠絕處逢生的驚喜。作為高等動物的人類，對於此番自我拯救理論的理解，也不應該遜於動物的求生本能吧？

誠然，人生在世，總要或多或少地依靠來自自身以外的各種幫助——父母的養育、師長的教誨、朋友的關愛、社會的鼓勵……可以說，人從呱呱墜地那一刻起，就已開始接受他人給予的種種幫助。然而，許多年輕人「在家靠父母，出門靠朋友」的「靠」，已經遠遠超出和大大脫離了一個人需要外部力量幫助這種正常之「靠」，而演變成「唯父母和朋友是靠」的依賴心理，把自己立身於社會的希望完全寄託在父母和朋友的身上。

信奉「在家靠父母」的人，往往是那些生活上不能自理而飯來張口、衣來伸手，或者事業上不能自立而離不開父母權力、地位和金錢支撐的年輕人。這樣的年輕人，顯然不可能在生活上自立自強、在事業上有所作為的。

在這個世界上，聰明的人並不是很少，而成功的卻總是不多。很多聰明人之所以不能成功，就是因為他在已經具備了不少可以幫助他走向成功的條件時，還在期待能有更多一點成功的捷徑展現在他面前；而能成功的人，首先就在於他從不苛求條件，而是努力創造條件。

一次聚會上，幾個老同學在閒聊，一位事業上頗有成就的朋友，閒聊中談起了命運。

其中一個同學問：「這個世界上到底有沒有命運？」

事業有成的那位說：「當然有啊。」

同學再問：「命運究竟是怎麼回事？既然命中註定，那奮鬥又有什麼用？」

他沒有直接回答同學的問題，但笑著抓起同學的左手，說要先看看他的手相，幫他算算命，然後講了一些生命線、愛情線、事業線等諸如此類的話之後，突然，他對那位同學說：「把手伸好，照我的樣子做一個動作。」

他的動作就是：舉起左手，慢慢地且越來越緊地握起拳頭。末了，他問：「握緊了沒有？」

老同學有些迷惑，答道：「握緊啦。」

他又問：「那些命運線在哪裡？」

老同學機械地回答：「在我的手裡呀。」

他再追問：「請問，命運在哪裡？」

那位同學如被當頭棒喝，恍然大悟：命運在自己的手裡！

這位朋友很平靜地繼續道：「不管別人怎麼跟你說，不管『算命先生們』如何給你算，記住，命運在自己的手裡，而不是在別人的嘴裡！這就是命運。」

當然，你再看看你自己的拳頭，你會發現你的生命線有一部分還留在外面，沒有被握住，它又能給我們什麼啟示？命運絕大部分掌握在自己手裡，但還有一部分掌握在「上天」手裡。

古往今來，凡成大業者，「奮鬥」的意義就在於用其一生的努力去爭取。但是如果你不靠自己去爭取，你連這一點的機會都是沒有的。

不管什麼時候，牢記這句話：「只有自己才是最靠得住的。」

第六章　適時放下不必要的固執

犯錯後，請學會原諒自己

我們之所以對以前的某個錯誤耿耿於懷，遲遲不肯原諒自己，多半是因為我們為之付出了一定的代價。可是，不能原諒又能如何？代價不能再收回，但是我們的心情可以回轉，也需要回轉，因為生活還要繼續。

很多人在犯錯之後，不能原諒自己，甚至憎恨自己，進而影響到現在乃至未來做事的心情。如果憎恨過於強烈，就無法洗心革面，無法看到希望的曙光。不如反過來想一想，錯誤既然已經犯下了，再懲罰自己有什麼用呢？而且你已經為此付出了沉重的代價，為什麼還要搭上現在和未來呢？

當我們為曾經的錯誤付出了沉重的代價後，可不可以原諒自己呢？只有原諒自己，才能重新調整心情，開始新的生活。而那些無法原諒自己，始終對自己的過去耿耿於懷的人，將得不到人生的幸福。

每個人都希望自己的人生道路和事業道路能夠一帆風順，最好不要犯任何錯誤，其實這一觀念是不符合自然規律的，只不過是人們的一廂情願罷了。「人非聖賢，孰能無過。」無論是在工作中還是生活中，犯錯本來就是難以避免的事情。關鍵不在於你犯的錯本身，而在於你犯錯之後的反應。

常常聽一些人痛苦地說：「我永遠無法原諒自己。」可是，不原諒又如何？那等於把自己推入了一個永不見底的深淵，從此再也看不到希望和光明。而世上沒有後悔藥，誰也不能再改變過去，對自己的責怪只能加深自己的痛苦。

其實犯錯本身並不可怕，可怕的是我們失去了直視它的勇氣，更可怕的是我們從此失去做事的心情，以至於賠上了現在和未來。所以，切莫再抓住過去的傷疤不肯放手，趕快從自怨自艾的泥潭中跳出來，朝氣蓬勃地投入到新的生活和事業中去吧！

只有真正從心底裡原諒自己，才能驅走煩惱，讓心情好轉。學會原諒自己，不是給自己找藉口，而是很平靜地分析我們過去的錯誤，從而在錯誤中得到教訓，做到「經一事，長一智」。

我們不僅要學會原諒別人，更要學會原諒自己。如果不能原諒自己，我們便會陷在失敗的泥潭裡無法自拔；如果不能原諒自己，我們便會終日在自責中度過；如果不能原諒自己，我們便會失去自信，失去前進的勇氣。

不念舊惡，莫設心囚

弘一法師說：「假如你有一件憤恨的事，或者和某人有點糾葛，不要老是翻來覆去，把你想的、感受的，或者想說的，在心裡一遍一遍地煎熬，因為神經就是這樣磨損的。正如同鞋帶，在每天拉扯的地方磨損一般。」

我們與人交往，應著眼於未來，不念舊惡。原諒別人，是對待自己的最好方式。為你的仇敵而怒火中燒，燒傷的是你自己。人能懷著一顆寬恕他人之心待人，必能使自己遠離痛苦、仇恨和報復，與之俱來的是淡定、溫馨和和諧。

美國建築大王凱迪的女兒和飛機大王克拉奇的兒子，在兩家父母的撮合下，彼此有了感情。但兩個人的交往並不順利，雖然結了婚，但爭吵時有發生。兩家人都是名流巨富，兒女們的這種關係讓他們大傷腦筋。他們甚至擔心會不會發生什麼不測。

誰想，擔心什麼就有什麼，令他們震驚的事還是發生了，凱迪的女兒竟然被克拉奇的兒子毒死了。克拉奇的兒子小克拉奇因一級謀殺罪被關進大牢，兩家人的身心因此受到沉重的打擊。從此兩家人的生活變得暗無天日。

克拉奇的兒子拒不承認自己的罪行，這使凱迪一家非常氣憤。而克拉奇一家也拼命地為兒子奔走上訴。如此一來，兩家人便結下了深仇大恨。

一年以後，法院做出終審，小克拉奇投毒謀殺的罪名成立，被判終身監禁。

克拉奇為了能讓兒子在今後得到緩刑，也為了消除兒子的罪惡，拐彎抹角不斷以重金為凱迪一家做經濟補償，以便凱迪能不時地到獄中為兒子說情。克拉奇每一次的補償都是巧妙地出現在生意場上，這使得凱迪不得不被動接受。

而凱迪每得到克拉奇家族的一筆補償，就像是接過一把刺向自己內心的刀，悲痛難言。兩家人都是美國企業界中的輝煌人物，然而生活卻如此地捉弄他們，讓他們不得安生。一年又一年，兩家人的心情被巨大的陰影所籠罩，從來沒有真正地笑過。他們承認，這些年為此所付出的心理代價是用任何金錢也換不來的。

然而，苦苦承受了二十多年的罪愆後，最終的事實證明，凱迪女兒的死並不涉及善惡情仇。事情引起了美國媒體的巨大轟動，面對報社的採訪，凱迪與克拉奇兩家都說了同樣的話：「二十年來，我們付不起的是我們已經付出的、又無法彌補的心態。」

人生的所謂得與失，在很多時候並沒有什麼實際意義，但被帶入其中的無法挽救的或惡劣，或悲傷，或仇恨的心情，卻可以改變人們對整個生活的感受和看法。這種因心情引起的得與失，比起物質上的得與失更加致命。因為這才是最昂貴又最付不起的。

為何那些人們不能忘記過去的恩恩怨怨，重新開始新的生活，卻選擇在回不去的記憶裡感傷、折磨自己呢？

學會遺忘，可以使一個原本不快樂的人變得快樂。

一失足並非成千古恨

「一失足成千古恨」這是千年古訓，教育了多少人，無非就是要求人們把握好自己的人生方向，千萬不要走上錯路，最後讓自己後悔。其實，人的一生總要經歷許多風風雨雨，總會遇到各種各樣的情況。當人們在一些事情上急於求成而又脫離實際時，就會造成一些過失，帶來嚴重的後果，但並非一失足就成千古恨。

勾踐臥薪嚐膽的故事人們都已經聽了很多次。當初越王勾踐不聽大臣范蠡勸諫，堅持要發兵攻打吳國，結果在夫椒一戰中大敗，並且被押往吳國為吳王養馬三年。

勾踐為當初的魯莽衝動付出了慘痛的代價，臥薪嚐膽，立志一定不忘亡國之恨。於是在回到越國之後，他時時刻刻都提醒自己要報仇雪恨，他勵精圖治，事必躬親。同時，一有空閒，就和農民一樣到農田裡扶犁耕作。

他的妻子也親手紡線織布。在這段時間裡，他們生活簡樸，不吃有肉的飯菜，不穿華麗的衣服，待人平和，禮賢下士，厚待賓客。最後終於在吳國兵疲馬憊之際滅掉吳國，從而結束了這場吳越爭霸。

一失足未必就成千古恨。只要能夠找到失足的原因，儘快調整心態，克服失敗給自己心靈殘留下的陰影，逐步恢復自信，繼而自強不息，這樣才能不再讓悔恨吞噬心靈。

在社會中，沒有誰會註定一帆風順，也沒有人註定一生失足，生活對每個人都是公平的，即使失足了也並不意味著天就要塌下來了。只要你敢於正視失足，它就可以使你學到並深刻體驗到許多真知灼見，並使你對此難以忘懷。失足還可以使你認識到自己的能力與局限，瞭解自己是否成熟。

所以，不要恐懼失足，它帶給你的會比成功帶來的更多。

失足是一件讓人們痛苦的事情，它令人悲傷。但更痛苦的是失足之後的束手無策，是失足後的不能警醒。

對於失足，人們總是習慣於先從客觀上找理由，古人經常歸咎於上天不公或自己的命運不濟，現代人經常歸之於運氣不好，但實際上這多半是托詞，是藉口。一個人的失足最主要的原因應該是自己親手造成的，或者說絕大多數失足都與自己有關，與自己的個性或失誤有關。不是因為自己的性格、心理、意志等方面存在缺陷，就是因為方法不當，措施不力，再不就是因為自己的判斷失誤或誤入歧途。再多的客觀因素也不能使你推卸掉自己的責任。

當你出現失足的情況時，**要及時地改正，否則失足就永遠只是失足，而不能轉化為動力**。失足並不可怕，跌倒了爬起來就是了，怕的就是被失足打倒，失足後一蹶不振，在失足中越發沉淪。

培根是十七世紀歐洲一位顯要的人物，生在貴族家庭中的他曾經擔任過英國駐法國大使館工作人員，還當過律師，並在議會選舉中當選為議會議員。在他官運亨通、平步青雲、春風得意的時候，因貪污受賄罪而被監禁於倫敦塔內，出獄後，又被終生逐出朝廷，不得再擔任任何官方職務，不得參與議會。

從此培根開始專心從事著述，他提出了著名的「要命令自然，就要服從自然」「知識就是力量」等一系列對後人影響深遠的口號，並建立了自己的唯物主義經驗論。

曾經的失足使培根成了英國唯物主義和整個現代實驗科學的真正鼻祖，成為英國十七世紀偉大的唯物主義哲學家、世界哲學史，和科學史上具有劃時代意義的人物。也正是由於這次失足，讓培根成了在人類思想史上佔有重要地位的一代巨人，成了一名被後人永遠銘記的哲學家。

一時的失足沒有什麼大不了，我們要走的路還很長，一次失足並不是世界末日，而只不過是一個新的開端，是命運讓我們做個新的更好的自己。

失足既可以成為埋葬信心的墳墓，也可以成為「而今邁步從頭越」的起點。失足並不代表著失敗，只是表明成功或許需要變換一下方向；失足也並不意味著你浪費了時間和生命，不過表明你有理由重新開始。

以平常心面對得失

人生總是有得有失，得到了這個，失掉了那個，有的人很貪心，想要把一切都攥在手裡，失掉了任何一樣都會變得不開心，這樣就是沒有參透得失的本質。

我們在得失之間要有一顆平常心。塞翁失馬的故事我們都聽說過，在這個故事中塞翁失去了很多東西，但是唯一不變的就是他快樂的內心，他始終保持著平和的心態。

要以「得之我幸，失之我命」的坦然去樂觀看待整個人生，擁有這樣的心態自然能夠保持快樂。

弘一法師出生在富貴之家，在青年時代過著歌舞昇平的奢華日子。出家之後，生活過得極其清苦。

有一天，夏丏尊和弘一法師在一起吃飯時，一道菜太鹹了。而弘一法師沒有表現出任何異樣，夏先生不忍心地說：「難道你不嫌這菜太鹹嗎？」

弘一法師回答說：「鹹有鹹的味道！」

吃完飯後，弘一法師手裡端著一杯開水，夏先生問：「沒有茶葉嗎？怎麼每天都喝這無味的白水？」

弘一法師又笑了笑說：「白水雖淡，但淡也有淡的味道。」

《菜根譚》裡有一句話：我貴而人奉之，奉此峨冠大帶也；我賤而人侮之，侮此布衣草履也。然則原非奉我，我胡為喜；原非侮我，我何為怒？

可見，一個人貧也好，富也好，高也罷，低也罷，都不會是一成不變的，重要的是要有一顆隨遇而安的心。

在人生的道路上，每個人都在不斷地累積著令自己煩惱的東西，包括名譽、地位、財富、親情、人際關係、健康、知識、事業，等等。這些東西壓得人們喘不過氣來，使人們失去了原本應該享受的樂趣，增添了許多無謂的煩惱。一旦失去其中一種便會大為在意，甚至惱火沮喪，要「想辦法奪回來」。

其實人生就那麼幾十年，金錢、地位等的一切都不能一直陪伴我們，人死了之後也什麼都帶不走，若是焦慮沮喪、患得患失幾十年，那就太不值得了。所以人生的本質就是快樂，每天都快樂地活，不是一種最好的活法嗎？何必要為了一些身外之物黯然神傷，焦慮不已。

有個富人叫白正，他感到每天都不快樂，聽說在偏遠的山村裡有一位得道的高僧，他便把所有家產換成了一袋鑽石，去找高僧。

他對高僧說：「高僧！人們說你是無所不知的，請問在哪裡可以買到快樂的秘方呢？」

高僧說：「我這裡的快樂秘方價格很貴，你準備了多少錢，可以讓我看看嗎？」

白正把裝滿鑽石的袋子拿給高僧，沒有想到高僧連看也不看，一把抓住袋子，跳起來就跑掉了。

白正非常吃驚，四下又無人，只好自己追趕高僧，可是跑了很遠也沒有見到高僧的身影，他累得滿頭大汗，在樹下痛哭。

正當白正哭得厲害之時，他突然發現被搶走的袋子就掛在枝丫上。他取下袋子，發現鑽石還在。一瞬間，一股難以言喻的快樂充滿他全身。

高僧從樹後面走出來，說道：「凡人不懂得得與失的平衡，自以為失要痛哭，得要歡喜，拋卻了這種觀念你才能真正的快樂啊。」

白正叩謝禪師，回去之後開始勞動，每天變得快樂起來。

人們總喜歡羨慕別人，卻忽略了自己所擁有的。很多人總是渴望獲得那些本不屬於自己的東西，而對自己擁有的卻不加以珍惜。其實，我們每個個體之所以存在於世界上，自有它存在的意義；每一個人都擁有自己的優點和長處，也有自己的缺點和短處。因此，安心做自己的人，才是智慧的人。

轉換看問題的視角

同樣的一件事情，悲觀的人只看到不利的一面，樂觀的人看到的卻是有利的一面，不同的心態呈現出的世界完全不同，呈現出的人生道路也就有了不同。

生活到底是沉重的，還是輕鬆的？這全依賴於我們怎麼看待它。生活中會遇到各種煩惱，如果你擺脫不了它，那它就會如影隨形地伴隨在你左右，生活就成了一副重重的擔子。「一覺醒來又是新的一天，太陽不是每日都照常升起嗎？」放下煩惱和憂愁，生活原來可以如此簡單。

有一少婦投河自盡，被正在河中划船的船夫救起。

船夫問：「你年紀輕輕，為何自尋短見？」

「我結婚才兩年，丈夫就拋棄了我，接著孩子又病死了。您說我活著還有什麼意思？」

船夫聽了，想了一會兒，說：「兩年前，你是怎樣過日子的？」

少婦說：「那時的我自由自在，沒有任何煩惱……」

「那時你有丈夫和孩子嗎？」

「沒有。」

「那麼你不過是被命運之船送回到兩年前去了。現在你又自由自在，沒有任何煩惱了，你還有什麼想不開的？請上岸去吧……」

少婦恍如做了一個夢，她揉了揉眼睛，想了想，心中豁然開朗，便上岸走了。

從此，她沒有再尋短見，她從另一個角度看到了希望的曙光。

記得有位哲人曾說：「我們的痛苦不是問題的本身帶來的，而是我們對這些問題的看法而產生的。」這句話很經典，它引導我們學會解脫，而解脫的最好方式是面對不同的情況，用不同的思路去多角度地分析問題。因為事物都是多面性的，視角不同，所得的結果就不同。

相信一句話：要解決一切困難是一個美麗的夢想，但任何一個困難都是可以解決的。

轉換看問題的視角，就是不能用一種方式去看所有的問題和問題的所有方面。如果那樣，你肯定會鑽進一個死胡同，離問題的解決越來越遠，處在混亂的矛盾中而不能自拔。

生活的美與醜，全在我們自己怎麼看，如果你將心中的煩惱和陰暗面徹底放下，然後選擇一種積極的心態，懂得用心去體會生活，就會發現，生活處處都美麗動人。

不要預支明天的憂慮

這個世界上沒有任何事情比杞人憂天的煩惱更可怕了。有一句老話說：「天要下雨娘要嫁人，隨他去吧。」既然憂慮無濟於事，多想不如不想。

其實，現代人之所以煩惱焦慮，並不是真的遇到了無法解決的事情，而是因為「想得太多」。

因為「想得太多」，我們時常自以為是地擔心著原本沒有發生的事情，無病呻吟地抱怨著可能根本就不存在的問題，搞到最後，不但自陷絕地，甚至還危害到了身心健康。

俗話說，憂能傷人，愁能殺人。許多想得太多的人，因為心思太過沉重，所以很難體會到真正的人生樂趣。因此，當憂愁、擔心、哀傷等情緒如蛛網般纏上心頭時，請不要容它侵蝕你的心。

如果你總是將一些沒必要擔憂的事，一遍又一遍地在腦中思來想去，就會像不斷被拉扯的彈簧一樣，終有一天會被扯斷。

有一個年輕人，跑去向智者傾訴煩惱。年輕人說了很多，可智者總是笑而不答。等年輕人說完了，智者才說：「我來給你撓一下癢吧。」

年輕人不解地問：「您不給我解答煩惱，卻要給我撓癢，我的煩惱與撓癢有什麼關係呢？何況我並不需要撓癢！」

智者說：「有關係，並且關係大著呢！」

年輕人無奈，只好掀開背上的衣服，讓智者給自己撓癢。智者只是隨便在年輕人的身上撓了一下，便再也不理他了。年輕人突然覺得自己背上有一個地方癢得難受，便對智者說：「您再給我撓一下吧。」

智者於是又在年輕人的背上撓了一下。可是，年輕人覺得這裡剛撓完，那裡又癢了起來，便求智者再給自己撓一下。就這樣，在年輕人的要求下，智者給年輕人撓了一上午的癢。

年輕人走的時候，智者問：「你還覺得煩惱嗎？」

整整一上午，年輕人都在纏著智者給自己撓癢，居然將所有煩惱的事情都給忘記了。於是，他搖了搖頭說：「不煩惱了。」

智者這才點頭笑著說：「其實，煩惱就像撓癢，你本來是不覺得癢的，但是如果你閒來無事，去撓了一下，便癢了起來，並且越撓越癢。煩惱也是一樣，本來你不覺得煩惱，只是如果你閒來無事時，去想了一些令自己煩惱的事，你便開始煩惱了起來，並且越想越煩。」

年輕人似有所悟。智者接著說：「煩惱最喜歡去找那些閒著沒事的人，一個整天忙碌著的人，是沒有時間去煩惱的！」

不知道大家有沒有留意過，久別的朋友見面，大多會彼此在一起抱怨自己活得多累，每天忙忙碌碌卻不知道自己到底在做什麼，有時特別想找一個沒有人的地方大哭一場，家庭的重擔、工作的壓力、人際的複雜，如大山般壓在心頭，讓人喘不過氣來，而唯一一點屬於自己的時間，卻都用來為明天的前途憂慮。

這些抱怨者，大多都是一些事業有成、有車有房、家庭美滿的人，別人羨慕他們都還來不及呢。而他們之所以活得不幸福，究其原因就是因為患上了「心靈擔憂症」，而對付這種「病」的辦法只有一個，那就是：不要想得太多。

我們都有過這樣的經歷：白天若是想得太多，一天的工作生活就無法正常進行，甚至還會頻頻出錯；晚上若是想得太多，常常是夜不能寐，就算勉強入睡，第二天起來也是昏昏沉沉。其實，轉念一想，就算事情真的發生了，想得再多又有什麼用呢？

生活不可能像我們心中所期望的那樣美好，它有酸甜苦辣，它有悲情苦楚，也有許多的憂慮。憂慮來源於生活，來源於對未知世界的不瞭解，也來自於自身的擔憂和顧慮。許多煩惱本不存在，但是在多慮的情況下，任何情況都可能造成你的憂慮。

個人的力量是渺小的，誰都無法與宿命抗衡，誰都改變不了既定的事實。我們倒不如順其自然，靜觀其變，並做好自己能做到的事情，只要無愧於心，此生就已無憾了。

給不了就轉身，得不到就放手

許多人都會在愛裡受傷，因為愛別人愛得失去了自己，等到分手時，才發現在這場愛中，已經迷失了自己，所以總試圖抓住情感的尾巴，希望能夠有轉機。要明白，對方一旦做出決定，那麼這場感情就註定了是這樣的結果。請不要試圖以自己的痛苦與哀求換回曾經的愛，這樣只會讓對方輕視自己，更快離開。我們要堅信，失去自己，將是他一生最大的遺憾。

面對逝去的感情時，許多人都只看到了它曾經的美好，只有被這樣的感情弄得遍體鱗傷時才明白，原來愛情不僅僅有美好的一面。其實，誰能保證一生只愛一個人，分手是再正常不過的事情。面對失戀，如果總深陷其中，總想做最後的掙扎，甚至認為自己不能生活得幸福，那麼誰也別想幸福，在這種念頭下，做著最瘋狂的事情，這些都是再愚蠢不過的行為。

學會勇敢地面對這一切吧，離開那個溫暖的臂膀可能會讓你傷心一陣子，然而，相信這些終究會過去。

現實生活中，有很多人遭遇情感危機時，更多的是抱著魚死網破的心理對待。然而，努力越多，傷害就越多，彼此心裡的仇恨也就越多。愛是相互的，對一個已經不再愛你的人來講，這種變相的愛其實已經深深傷害到對方。與其讓兩顆心在痛苦中糾纏，倒不如勇敢一些，放手給他自由。

人生漫漫，有愛就會有傷，有情就會有恨。這一路走來，為事，為情，為人，為愛，我們的內心何止破碎一次。然而，卻依然可以在受傷過後，重新站立起來。只要願意，一個人永遠不會喪失愛的能力。既然如此，那麼你還會再害怕多一次的傷害嗎？如果一段感情到了盡頭，卻又無法挽回，此刻你能給他的愛就是試著把手放開。

感情的傷害也許的確會讓人痛徹心扉，然而聰明的人懂得，只有放下這份讓人痛心的愛，才能獲得解脫。**糾纏是一種愛，放開更是一種愛，真正懂得愛的人，更明白成全的意義**。因而，如果真的是愛，那麼，最後時刻來個優雅的轉身便是明智的選擇。

人們常說：在對的時候遇見對的人，是一種幸福；在對的時候遇見錯的人，是一種遺憾；在錯的時候遇見對的人，是一種傷心；在錯的時候遇見錯的人，是一種歎息。所以，給不了就轉身，得不到就放手吧。

適時地放下無意義的堅持

生活中，很多人總認為自己還年輕，有很多時間可以去嘗試、去堅持，但是歲月匆匆，當最終發現自己的堅持成為無用功時，再回首已經百年身。錯誤的堅持就是在浪費生命，不管是工作還是生活。

有一家公司需要招聘一名業務代表，通過層層選拔進入複試的只有A和B兩名應聘者，為了再從中找出一位最適合這份職業的員工，公司決定在不同時間段分別通知他們前來面試。

第二天，A被公司通知前來進行最後一次的考核。A在面試的時候十分穩重，各種問題都對答如流，就在這時，負責面試的考官忽然遞給他一把鑰匙，隨手指了一間小屋讓他去那裡拿只茶杯來。

A就去開那間小屋的門，可是他無論怎麼開就是打不開，他不相信自己開不了，就慢慢地擰，搗鼓了很長時間還是打不開。

他知道這是主考官給自己出的最後一道難題，如果連這扇小小的門都打不開的話，怎麼去打開別人的心靈，於是他就一個勁兒地往裡面擰，最後鑰匙也被他擰斷在鎖孔裡了。

A感到難以置信，明明是這扇門的鑰匙，為什麼就是打不開呢？他就問主考官：「請問，是這把鑰匙嗎？」

主考官抬頭看了一下A答道：「是打開屋子，取出茶杯的鑰匙。」

A很為難地說：「門打不開，我也不渴……」

主考官打斷了他的話：「那好吧，這兩天回去等通知，如果接不到通知，你就去別家公司試試吧。」

第三天公司又通知B來面試，儘管他的回答不是十分流暢，但主考官還是同樣給他一把鑰匙讓他取來一只茶杯，B也是同樣打不開門。但是他卻看見另一間屋裡有一只茶杯，他就想：「主考官並沒有告訴我鑰匙就是這間屋子的，它既然是打開有茶杯那間屋的鑰匙，那麼應是隔壁這一間吧！」於是他抱著試試看的心態，竟然真的打開了那間小屋，取出了茶杯。

主考官很高興，拿過他取出的茶杯為他倒了一杯水，然後對他說：「喝杯水，然後簽個協議，祝賀你，你被錄取了。」

A放不下自己心中的那份執著，一直認為主考官指定的就是那間屋子，結果怎麼弄也打不開屋門，而B卻並沒有這樣認為，只是選擇放下這扇打不開的屋門去試另一間的屋門，結果他用同樣的一把鑰匙打開了另一間屋門，取出了茶杯。

有些事情確實需要「半途而廢」的精神，當然這就要求我們要仔細地甄別何時是放下的時機，然後正確理智地堅持，這才是實現終極目標的大智慧。

生活中也有些人從小就抱有美好的夢想，也身體力行去追求、去堅持，但他們犧牲了美好的青春，激情也慢慢消耗殆盡，留給自己的卻是一個生命的殘局，可是他們仍然覺得是上蒼跟他們開了一個生命的玩笑。殊不知，是他們自己的固執埋葬了自己的青春年華。

選擇需要智慧，放下需要勇氣。適時地放下無意義的堅持，才會更有可能到達成功的彼岸。如果自己選擇的方向是正確的，那麼該堅持的就要堅持，反之，如果你在一條錯誤的道路上狂奔，那麼就加速了自己的毀滅。

如果我們的目標並不適合我們，做了也是白做的時候就要懂得去收手，與其苦苦掙扎，蹉跎歲月，還不如選擇放下。若我們堅定地放下了那種偏執，說不定會柳暗花明，別有洞天。

第七章　別「死要面子活受罪」

「打腫臉充胖子」只能證明你心虛

「人活一張臉，樹活一張皮」，要面子本是人之常情，但如果為了掙面子背棄做人行事的底線，甚至鋌而走險違規違法，最終不僅沒面子，而且害人害己。

有人為了虛榮不惜「打腫臉充胖子」，外面看上去很「光彩」，但吃苦受罪的還是自己，為了外表的「光彩」而遭受實在的痛苦，這不是很可悲的一件事嗎？

當今社會，雖然貧窮容易讓人看不起，但是打腫臉充胖子一定比貧窮更讓人看不起。也許，沒有錢做什麼都難，但千萬不能因為錢而迷失自己的本性，更不能為了掙面子而去做傻事。

在今天，有錢的擺闊氣，沒有錢的也不能輸面子，大家互相攀比，誰也不讓誰。這種攀比更加激化了一個人的虛榮心，人人都想自己表現得最闊氣、最排場，讓所有人都羨慕，沒有錢就借，甚至冒著坐牢殺頭的危險去貪，去偷，去搶，其結果都不會有好下場的。

一個老農民，一夜之間成了暴發戶，第二天便去買了一輛豪華轎車。

他每天都要開車去附近又髒又熱的小鎮一次，他希望看到任何人，也希望任何人都能看到他。

因為他喜歡炫耀自己，總是「開著」轎車左拐右拐地穿過大街小巷，去跟每一個人講話。可是他走得很慢，比自行車還要慢。原因非常簡單，這輛既美麗又氣派的轎車是用兩匹馬拉著的。

其實，並不是汽車引擎不能發動，而是老農民不曉得把鑰匙插進去發動它。從那以後，老農民的朋友越來越少，連他的親人都不搭理他了，碰面了至多奉承他幾句，虛情假意地算計他。老農民的虛榮心一時得到了滿足，但是沒有多久，他就感到生活越來越沒有意思，最後，他又回到農田裡繼續耕田種地，只有這樣他才會感到充實。

意外中了大獎，本應該是一件好事，可是老農民因貪圖虛榮而向庸俗的方向發展，就會顯得很無聊。

虛榮者的虛榮心很強，但他的深層心理卻是心虛，為了追求面子，不惜打腫臉充胖子，內心是很空虛的。虛榮者表面的虛榮與內心深處的心虛總是在鬥爭著，表面一個樣兒，實際上是另一個樣兒。虛榮者想把美好的一面展現給世界，但其實那不是真實的自己。

人其實沒有必要活得那麼累，每個人都有自己的人生路，假如人人都讓這種虛榮心左右，那麼還有什麼個性可言，世界會少了多少色彩？如果為了滿足自己的虛榮心而出賣自己的靈魂，豈不悲慘？你就是你，我就是我，這個世界比你強的人有很多，比你差的同樣也不少，用心活出一個個性的自我，就是你自身的價值所在。沒有必要去為虛榮賣命，因為它會引導你走入歧途，甚至毀了你。

不重視「面子」會活得更好

我們從小就得到長輩們的訓示：「別丟我們的臉！」將「面子」的觀念深植在我們的心中。從此，我們時刻注意自己的面子，時刻牢記千萬不能失掉面子，即使為此撐得異常辛苦也在所不惜。

小小的一個面子，盡顯眾生百態！富人有富人的面子，窮人有窮人的面子；當官的有當官的面子，老百姓有老百姓的面子；長輩有長輩的面子，孩子有孩子的面子；君子有君子的面子，小人有小人的面子……面子簡直成了中國人的第二生命。

曾經有這樣一個笑話：

一個曾經風光而又陷於落魄的人，整日泡在酒肆裡跟人吹噓他是如何養尊處優，錦衣玉食。

一天，他邊吹牛邊津津有味地啃著一個芝麻燒餅。燒餅吃完了，一些芝麻不小心掉在櫃檯上了。他正思忖該怎樣把這些芝麻納入口中又不招人笑話，一個衣衫不整的姑娘跑進來，是他的女兒找他回家。他忙端著架子斥責女兒：「慌慌張張的幹什麼？怎麼不打扮整齊再出門？」

女兒很驚訝地望著他說：「爸爸，你忘了嗎？咱家值錢的東西都當光了，我哪有體面的衣服穿啊？媽讓你趕緊回家，她要出門沒褲子，讓你把褲子借她穿一會兒！」

這旗人一聽面紅耳赤，想溜出去卻沒忘剛剛掉落在櫃檯上的幾粒芝麻，便一拍櫃檯，怒道：「小孩子胡說什麼？還不回家去？」借拍櫃檯之機，將幾粒芝麻盡黏在手掌上偷偷地吃了下去。

愛面子如斯，真是可氣又可笑。

千萬別再不懂裝懂了，承認自己也有無知的時候，這沒什麼丟臉的。用錢買來的面子，是華而不實的面子，讓人一眼就能看穿你內心的貧乏；用權力換來的面子是勢力而短暫的，沒有一個人可以長久地擁有權力，這樣的面子雖然八面威風卻沒有底氣。實力可以說明一切，當你擁有充實的內心，擁有也許並不太聰明但肯踏踏實實汲取營養的大腦，擁有富貴不能淫的骨氣以及腳踏實地的幹勁，無須你去做作地用假面具來裝面子，那由內至外散發出來的氣質足以讓別人不能輕視你，你也活得更真實、更輕鬆。

讓我們把面子統統扔到太平洋去吧！

「匹夫之勇」要不得

辦事要量力而行，對自己做不到的事，要說明情況，不要勉為其難。亂逞英雄、匹夫之勇都是虛榮心作祟的行為，這樣做和一個沒有理智的莽夫沒有區別。

「匹夫之勇」這個成語，最早出現在《孟子》一書中。「匹夫」這個詞，在中國古代社會中專指普通平民男子，而匹夫之勇這個成語帶有貶義的色彩，意思是逞強鬥狠、不計後果地蠻幹。

據《孟子・梁惠王下》記載，有一次齊宣王對孟子說：「我有個毛病就是喜歡『勇』。」

孟子聽了這話後心想：「人君不可無勇。」「勇」並不是壞毛病，問題在於如何正確地看待「勇」，於是便回答說：「勇，有小勇、大勇之別，希望大王不要好小勇，而要養大勇。」

那麼，什麼是小勇，什麼是大勇呢？孟子說，像一個人手握利劍，瞪大眼睛，高聲吼道：「誰敢抵擋我！」這就是匹夫之勇，是只能對付一人的小勇。而當國家面臨強敵和霸權時，像周文王周武王敢於一怒而率眾奮起抵抗，救民於水火之中，所謂「文王一怒而安天下之民」。這就是大勇。

北宋著名文學家蘇軾，在他的《留侯論》一文中，進一步發揮了孟子的這個觀點。文中寫道：「匹夫見辱，拔劍而起，挺身而鬥，此不足為勇也。天下有大勇者，卒然臨之而不驚，無故加之而不怒。此其所挾持者甚大，而其志甚遠也。」

這段話的意思是說，在面臨侮辱和冒犯時，一般人往往會一怒之下，便拔劍相鬥。這其實談不上是勇敢。真正勇敢的人，在突然面臨侵犯時，總是鎮定不驚。而且即使是遇到無端的侮辱，也能夠控制自己的憤怒。這是因為他的胸懷博大，修養深厚。

我們知道，項羽雖然是一個失敗的英雄，但是司馬遷卻稱讚他說：「當年秦國政治腐敗，百姓紛紛起來反抗，項羽在陳涉這個地方領軍對抗，前後只花了三年時間，就把秦國滅掉，然後將得來的天下分封給各王侯貴族，成為稱雄一方的霸主，雖然最後他失去了霸主的地位，但是他的功績偉業，近古以來還沒有人能做到。」

而劉邦做了皇帝以後，在洛陽宮擺設筵席宴請群臣的時候說：「我之所以能成功，順利取得天下，是因為能夠知道每個人的特長，並且也懂得如何讓他發揮長處。」然後他問韓信對自己的看法。

韓信回答說：「大王您很清楚自己各方面的才能與長處，因此您其實心裡明白，說到機智與才華，其實是不如項王。不過我曾經當過他的部下一段時間，對於他的性情、作風、才能，瞭解得比較清楚。項王雖然勇猛善戰，一人可以壓倒幾千人，但是卻不知道如何用人，因此一些優秀傑出的賢臣良將雖然在他手下，可惜都沒能好好發揮各自的專長，所以項王雖然很勇猛，卻只是匹夫之勇，做事不懂得深謀遠慮、三思而行。而大王任用賢人勇將，把天下分封給有功勞的將士，使人人心悅誠服，所以天下終於成為大王您的。」

所以，無論做什麼事，都不要逞匹夫之勇，也只有這樣才能更好地保護自己。

水往低處流，那是一種迂迴和策略，正因為水肯於在大山的阻隔下改道，最終才會贏得「青山遮不住，畢竟東流去」的勝利。先發制人固然快意，後發制人則更加有力。「小不忍則亂大謀」，為了大謀，就要忍得眼前的羞辱，「留得青山在，不怕沒柴燒」。

自古以來，一氣之下，不自量力，做出傻事、鑄成敗局的事例不計其數，韜光養晦才是出奇制勝的良策。

匹夫之勇是一種盲動冒進；英雄之忍是一種戰術迂迴。避其鋒芒，韜光養晦，才能積蓄力量，把握戰機，後發制人。英雄之忍可以成大事，匹夫之勇只會貽笑大方。面對無端的責難，面對百般的嘲諷，面對不平的待遇，面對一切我們難以忍受的苦楚，發揚流水不爭先之隱忍精神，多一些理智，少一些魯莽，走好人生的每一步，步步為營，招招制勝！

最大的好處，也許是最深的陷阱

生活中，誘惑是無處不在的。臣服於誘惑將給我們造成不幸與災難。認清誘惑，經常性地進行自我盤點，和誘惑保持足夠的安全距離，才能保證健康的自我發展空間。

現實生活中，我們需要有一種放棄的清醒。在物欲橫流、燈紅酒綠的今天，擺在每個人面前的誘惑實在太多，特別是對有權者來說，可謂「得來全不費工夫」。這就需要保持清醒的頭腦，勇於放棄。如果抓住想要的東西不放，甚至貪得無厭，就會帶來無盡的壓力和痛苦不安，甚至毀滅自己。

人生總會面臨許多誘惑，它之所以稱為誘惑，是它對人具有巨大的吸引力，動搖人們的意志，使人們做出違背自己意志的選擇。

像幸運與災難一樣，誘惑在人的生活中也扮演了它的一個角色。誘惑是無處不在的。職場中，誘惑以更多的面目出現，如金錢、名譽、身分、地位、不能兌現的謊言等。臣服於誘惑將給我們的職業生涯和人生造成不幸與災難。認清誘惑，經常性地進行自我盤點，和誘惑保持足夠的安全距離，才能保證健康的自我發展空間。

因此，我們一定要學會扔東西。有許多念頭和情感是有毒的，像牛蒡草一樣黏在你身上，像蜜蜂一樣刺你。一個智者說：「浮蕩的生活如同在地獄裡，而有定向的生活則如同在天國裡。」不要隨意放縱自己，不要輕易向各種誘惑低頭，堅持自己的方向與計畫，管理好自己的人生。否則，你很可能隨波逐流，貪圖眼前的一點點安逸享受，而損失掉生活中真正的財富。

我們有時會遇到別人的甜言蜜語，別人所給予種種好處的情況。甜言蜜語使人十分舒適，而種種好處更使人陶醉，然而，最甜蜜的舉止，也許是最毒的藥物。最大的好處，也許是最深的陷阱。

忘掉輝煌，才能重新創造奇蹟

世間萬物，沒有絕對的、永遠的第一，過去輝煌並不代表永遠輝煌。假如一個人不往前行走，便只能留在原地，甚至還會倒退。這就好比烏龜與兔子賽跑，當兔子遙遙領先時，假如牠就此滿足，那麼就會有無數個烏龜不斷超過兔子。所以說，只有不斷地超越，才能不被淘汰，只有忘掉過去所創造的輝煌，才能重新塑造奇蹟。

大宇集團曾是韓國最著名的企業。當年，大宇集團的總裁金宇中從四千美元起家，在短短十年的時間裡創造了超過七百多億美元的總資產，其公司在世界跨國企業中排名第一一五名。可是誰都沒有想到，如今大宇集團旗下的分公司紛紛倒閉，集團本身也因資不抵債而宣佈破產。

中國有句古話叫：瘦死的駱駝比馬大。這麼龐大的一個集團，怎麼說倒下就倒下了呢？為什麼前後之間會有如此之大的反差呢？究竟是什麼原因導致這樣的結果呢？

原來，金宇中在成功後，自以為是、驕傲自滿、獨斷專行，而且做事從來不考慮周全。在開發分公司時，他也不顧全公司的大局，大量消耗人力、物力與財力，盲目地擴張分公司。這樣的結果是，使旗下的分公司一度達到六百多個，由於分公司過多，使整體企業陷入資金周轉困難等一系列問題，以至於到最後發展到無法收拾的地步，最終宣告破產。

在如今激烈競爭的商業經濟社會大戰中，類似於大宇集團這樣的事例是舉不勝舉，如巨人、南德、三株等國家級知名企業，有哪個不是曾經風靡一時，他們集團的領導人一度被譽為商業界的「商業神話」。結果，個個都是好景不長，直到銷聲匿跡，再也尋找不到它們的蹤跡。它們有一個共同的特點，那就是都沉醉於過去的輝煌中，以至於看不清現在的形勢，結果一步步走向了深淵。

一位商界名人曾經說：「當別人把你當成英雄的時候，你千萬別把自己當成英雄。」是的，沒有人會是一輩子的英雄，最輝煌的時候也就是最危險的時候，倘若被眼前的利益所蒙蔽，自認為能力不錯，沒有什麼事情不能成功，那麼事實就會告訴你：你的想法是錯誤的。因此，想在商戰中做一個長久不敗的將軍，就不能在成功時驕傲自滿、盲目自信、鬆懈怠慢。

不管曾經有過多麼輝煌的成就，也千萬不要產生「自己就是第一」的想法。在這個世界上，根本不存在永遠的第一，你只有不斷地完善自己，精益求精，才能擁有屬於自己的成就，做自己心中的第一。

喬丹，ＮＢＡ籃球界的一個奇蹟，他是全世界人們最為耳熟能詳的籃球運動員，曾經獲得個無數個輝煌的成績。那麼，他是如何從一個名不見經傳的普通球員，成長為國際明星的呢？

在喬丹還是個不太知名的普通球員時，有一次，他所在的隊取得了一場比賽的勝利，和同伴們一樣，喬丹也沾沾自喜地暢說著內心的喜悅之情，而一旁的教練卻顯得相當冷靜。他把喬丹叫到一旁，用十分嚴肅的口氣對他說：

「你是一個優秀的隊員，可是在今天的比賽場上，我不得不說你發揮得極差，完全沒有突破自己，你離我想像中的喬丹還差很遠。你要想在美國籃球隊一鳴驚人，必須時刻記住——要學會自我淘汰，淘汰掉昨天的你，淘汰自我滿足的你，否則你就不會有尋求完善的心……」

聽了教練的話，喬丹慚愧極了，他將這些話銘記於心，時刻激勵著自己。在不懈的努力下，喬丹的球技得到了迅速的提升，他終於挺進了芝加哥公牛隊。後來，他又成為全美國乃至全世界家喻戶曉的「飛人」。

日後，喬丹曾多次表示過，自己取得的成績離不開教練當初的那一席話，是教練讓他明白必須忘記過去的輝煌，才能更加集中精力應對眼前的事情。即便在他已經成為籃球巨星的時候，依然不忘用當初的那些話來提醒自己。

喬丹的成功，正是因為他不斷地進行自我淘汰，從而不斷地完善自我，走向一個又一個輝煌。失敗不是成功的最大敵人，自滿才是。假如人不自滿，成功會成為你如影隨形的朋友。要將他人的稱讚視作鼓勵，但這並不等於自己就像所鼓勵的話一樣，可以得到一百分，得到成功。自滿的人的路是短的，因為當別人還在繼續向前跑的時候，他卻以為已經到達終點了，完全不知道自己已經被拋在後面了。所以，我們要做的，也是最不容易做到的，就是狠心地把自滿淘汰，把沉浸在昔日輝煌成就中的心淘汰掉，不斷地為自己充電，使自己能夠有足夠的資本再造輝煌。

「**每天淘汰自己，不斷地自我更新，自我挑戰**」，世界首富比爾·蓋茲就是靠這樣的精神與信念獲得了今天的成就。他沒有因為有了世界首富的光環就滿足於現狀，在他的理念中，與其接受競爭對手挑戰或者被取代，不如先自我淘汰。聰明的人會最先掌握這種通向成功的有力法寶，明智地與時代並進，做行業的主流。

敢於拒絕，必要時學會說「不」

拒絕別人的要求確實是件不容易的事，大家都有體會。因為每個人都有自尊心，希望得到別人的重視，同時也不希望別人不愉快，因而，也就難以說出拒絕的話了。但是，你應該想一想，倘若答應對方的要求，將會給自己帶來很多不必要的麻煩，那麼，就應該拒絕，而不要為了面子問題，做出違心的事來。

在生活中，我們要學會拒絕別人過分的要求、無理的糾纏、惡意的慫恿、各種佈滿陷阱的誘惑……拒絕一切應該拒絕的東西。這能使我們剔除懦弱和優柔寡斷，使我們學會堅強和剛毅果敢，使我們更加堅韌，我們的心會更明、眼更亮、路更寬！

對於一些不情願的事情，一定要果斷拒絕。說「不」是你的權利，如果你不懂得利用這個權利，就往往會陷自己於不仁不義中，雙方都難以接受它造成的後果。

英國作家毛姆在小說《啼笑皆非》中，講過這麼一段耐人尋味的故事——一位小人物一舉成為名作家了，新朋老友紛紛向他道賀，成名前的門可羅雀同成名後的門庭若市形成了鮮明的對比。

毛姆為我們描寫了這樣一個場面：一位早已疏遠的老朋友找上門來，向他道賀，怎麼辦呢？是接待他還是不接待他？按照本意，自己實在無心見他，因為一無共同語言，二來浪費時間，可是人家好心好意來看你，閉門不見似乎說不過去。於是只好見他了。見面後，對方又非得邀請他改日到他家去吃飯。儘管他內心一百個不樂意，但盛情難卻，他不得不佯裝愉悅地應允了。

在飯桌上，儘管他沒有敘舊之情，可是又怕冷場，於是又得強迫自己無話找話。這種窘迫相可想而知……來而不往非禮也，雖然他不再願意同這位朋友打交道，但他還是不得不提出要回請朋友一頓。他還得苦心盤算：究竟請這位朋友到哪家飯店合適呢？去第一流的大酒店吧，他擔心他的朋友會疑心自己是要在他面前擺闊；找個二流的吧，他又擔心朋友會覺得他過於吝嗇……

面對別人的請求，當你有時間，並且有能力的時候，不要輕易拒絕。但是沒有人是萬能的，當你真的力所不能及的時候，就不要礙於面子，不好意思說「不」了。試想一下，如果硬撐著答應，將來誤了事，那才不好收場。

工作中，領導讓你做某事時，你要認真地考慮好，這件事自己是否能夠勝任。把自己的能力與事情的難易程度以及客觀條件是否具備結合起來考慮，然後再決定是否去做。

每個人的能力都是有極限的，我們並不是萬事皆能的全才，覆水難收，話一出口就沒有挽回的餘地，後果就需要自己去承擔。一旦失利，失去的不僅是做成這件事的機會，還有他人對你的信任。試想一下，一個只會說不會做的人，誰會喜歡？因此，當遇到他人的請求時，不要把話說得太滿，要給自己一個迴旋的餘地。

拒絕別人的要求確實是件不容易的事，大家都有體會。央求人固然是一件難事，而當別人央求你，你又不得不拒絕的話，也是叫人頭疼的。不過，當你經過深思熟慮，倘若答應對方的要求將會給你或他帶來傷害，那麼就應該拒絕，而不要為了面子問題，做出違心的事來，結果對雙方都沒有益處。

當然了，拒絕是相當重要卻又不太容易的課題，有人喜歡你直截了當地告訴他拒絕的理由，有人則需要以含蓄委婉的方法拒絕，各有不同。

下面的一些小技巧希望對你有所幫助。

（1）在很多時候，想拒絕別人的時候，你只要簡單地說一句「我實在有更要緊的事要做」，就可得到絕大多數人的諒解。如果你總做出違心的決定，那將令周圍的人無法容忍。你既失了自我本色，也耽誤了別人。

（2）不要立刻就拒絕他人的請求。立刻拒絕會讓人覺得你是一個冷漠無情的人，甚至覺得你對他有成見，一旦有了這樣的誤解，無疑對雙方的關係是致命打擊。

（3）對於一些對方不急著要求答覆或是承辦的事情，可以採取暫時不予答覆的方法。當對方提出要求時，你遲遲沒有答應，只是一再表示要研究研究或考慮考慮，那麼聰明的對方馬上就能瞭解你是不太願意答應的。但無論如何，仍要以謙虛的態度，別急著拒絕對方，仔細聽完對方的要求後，如果真的沒法幫忙，也別忘了說聲「非常抱歉」。

（4）儘量以非個人原因作為拒絕的藉口。

（5）用最委婉、和氣的方式來表達你的不同意見。傲慢無情的拒絕易招來怨恨，對人脈資源的積累絕沒有好處。所以，當真正有不得已的苦衷時，如能委婉地說明，以婉轉的態度拒絕，以和氣的方式表達不同的意見，別人還是會感動於你的誠懇，對你的情況給予諒解的。

拒絕是一門藝術，更是一種智慧。懂得適時地拒絕別人，才是成熟的開始！

不要兩次走進一條死胡同

正如那句諺語所說，一隻狐狸不能以同樣的陷阱捉牠兩次，驢子絕不會在同樣的地點摔倒兩次，只有傻瓜才會第二次跌進同一個池塘。

世界上沒有一個人能保證自己永遠不犯錯誤。對於社會中的每一個人來說，我們應當牢記的一個法則是：不要犯同樣的錯誤。任何人都難免犯錯誤，世界上可能不存在不犯錯誤的人，聰明的人能夠吸取上一次的教訓，為防止下一次挫敗做好準備；愚蠢的人並不能這樣做，仍然在犯與第一次相同的錯誤。所謂「吃一塹，長一智」，我們應該從錯誤中吸取教訓，確保下一次不再犯同樣的錯誤，人們不應該兩次走進同一條死胡同。

有一次，一個獵人捕獲了一隻能說九十種語言的鳥。

這隻鳥說：「放了我，我將告訴你三條忠告。」

獵人回答說：「先告訴我，我保證會放了你。」

鳥說道：「第一條忠告是：做事後不要懊悔。」

「第二條忠告是：如果有人告訴你一件事，你自己認為是不正確的就不要相信。」

「第三條忠告是：當你爬不上去時，別費力去爬。」

講完這三條忠告之後，鳥對獵人說：「現在你該放了我吧。」獵人依照剛才所說的將鳥放了。

這隻鳥飛起後落在一棵高樹上，牠向獵人大聲叫道：「你放了我，你真愚蠢，但你並不知道在我的嘴中有一顆十分珍貴的大珍珠，正是這顆珍珠使我這樣聰明。」

這個獵人很想再次捕獲這隻放飛的鳥，他跑到樹跟前並開始爬樹。但是當爬到一半的時候，他掉了下來並摔斷了雙腿。

鳥嘲笑他並向他叫道：「傻瓜！我剛才告訴你的忠告，你全忘記了。我告訴你一旦做了一件事情就別後悔，而你卻後悔放了我。我告訴你，如果有人對你講你認為是不可能的事，就別相信，但你卻相信像我這樣一隻小鳥的嘴中會有一顆很大的寶貴珍珠。我告訴你，如果你爬不上某東西時，就別強迫自己去爬，而你卻追趕我並試圖爬上這棵大樹，還掉下去摔斷了雙腿。」

「這句箴言說的就是你：『對聰明人來說，一次教訓比蠢人受一百次鞭撻還深刻。』」

說完鳥就飛走了。

這則故事的寓意可謂深刻至極。同樣，無論是在生活中還是在工作中，我們經常聽到別人的忠告，有時自己也會對別人提出忠告。忠告一般都是從經驗教訓中總結出來的，目的就是為了避免下一次的錯誤。因此，我們應該從自己成功與失敗的經歷中得出經驗教訓，然後根據實際情況靈活運用，避免犯同樣的錯誤。

一般人常因他人的批評而憤怒，有智慧的人卻想辦法從中學習。詩人惠特曼曾說：「你以為只能向喜歡你、仰慕你、贊同你的人學習嗎？從反對你的人、批評你的人那兒，不是可以得到更多的教訓嗎？」

與其等待敵人來攻擊我們或我們的工作，倒不如自己動手。我們可以是自己最嚴苛的批評家。在別人抓到我們的弱點之前，我們應該自己認清並處理這些弱點，及時完善自己雖然不能保證百戰百勝，但至少可以避免敵人用同樣的手法輕易地擊敗自己。

交朋友要懂得取捨

子曰：「益者三友，損者三友，友直，友諒，友多聞，益矣。友便辟，友善柔，友便佞，損矣。」朋友的品質如何，對一個人的影響是極其巨大的。結交一個好朋友，會終生受益；結交一個壞朋友，不僅貽害無窮，而且很有可能造成無法彌補的損失。因此，一定要結交品德高尚的朋友，於己於社會都是有利無害的。

東漢末年，華歆和管寧原是兩個好朋友。有一天，兩朋友在一起鋤地。忽然，管寧挖出了一塊金子，他卻視而不見。而華歆看見後，就急忙拾了起來，據為己有。

過了些時日，又一天，兩朋友在一起席地而坐讀書。管寧全神貫注地讀著，兩耳不聞窗外事。而華歆心不在焉，左顧右盼，抓耳撓腮，剛好此時，有一官吏乘著華麗的馬車從門前經過，管寧不為所動，仍在讀書，華歆卻隨手扔下書本，前去看熱鬧。

等到華歆看完熱鬧回來的時候，發現本來一張好好的席子被從中割斷了，管寧對華歆說：「你不是我的朋友，我們還是分開坐吧。」

這就是「割席而坐」的來歷。通過這兩件事，管寧看出華歆與自己的品格完全不同，於是便割席而坐，毅然與之絕交了。

管寧和華歆的故事，並不是高潔的人與庸俗的人的故事。他們倆的故事，只是人生趣味的不同，這裡面不涉及大道理，更不能上升到人品的優劣。做不成朋友也沒什麼可惜的。只不過，如果兩個志向不同、趣味不同的人還是在一起，那麼不論兩個人做出什麼決定，難免會受到對方的干擾，想堅持自己的想法就很麻煩了。

所以說，**結交朋友要懂得取捨**。

交朋友是很複雜的，瞭解一個人並不是一件簡單的事。但只要我們注意觀察，就可以通過一個人的喜好瞭解他的素質、修養和品德。

每個人都有一種瞭解別人的願望。因為只有瞭解別人之後，你才能在交友時有所選擇。

物以類聚，人以群分。只有性情相近、意氣相投的人，才能走到一塊兒成為朋友。如果他的朋友都是一些不三不四、不倫不類的人，他的素質也不會太高；如果他結交的都是些沒有道德修養的人，他自己的修養也不會太好。

有的人交朋友以性格、脾氣取人，認為能說到一塊兒就是朋友；有的人則以追求取人，有相同的追求就能成為朋友；有的人則因為愛好相同而走到一起。但無論如何，只有兩個修養相當、品質差不多的人才能成為朋友。所以，瞭解一個人的朋友也就瞭解了這個人。

想瞭解一個人，還可以觀察他是怎樣對待別人的。人在得意時，特別愛訴說他與別人在一起交往的情景，他說的時候是無意的，不會想到他與被說人有什麼關係，所以一般比較真實。如果對方當著你的面說自己如何占了別人的便宜，如何欺騙了對方，等等，那你以後就得對他防著點兒，有可能他也會這麼對待你。

還有一種人比較圓滑，好像很會處世似的。他們往往是當面一套，背後一套。當著你的面說你如何如何好，別人如何如何不好。聰明的人就得注意這種人了，因為他在背後說別人壞話，就有可能在你背後說你壞話。

而有一種人可能當面批評你，指出你的缺點來，卻又在你面前誇獎別人的優點，你也許不願接受他這種直率，但這種人卻是非常可信賴的人。

另外，看一個人如何對待妻子、兒女、父母，就可以分析出這人是否有責任感，是否自私。你可以通過他是否按時回家，有急事時是否想著通知家人，說起家人時感覺是否很親切，等等，從這些細節可以看出他對家人的態度。一個不把家人放在心上的人是不會把朋友放在心上的。這種人往往心裡只裝著自己，只關心自己的得失安危，根本就不會想到朋友。所以要注意儘量不要與那些沒有家庭觀念的人結交。

人與人的主張和追求不同，是不會在一起合作的，更不會成為朋友。人生得一知己足矣，知己就是志同道合者，否則，即使成為朋友，也難以長久。因此，交朋友一定要交心。

西漢哲學家揚雄說：「朋而不心，面朋也；友而不心，面友也。」貌合神離的朋友是不宜交的。

孟子說：「友也者，友其德也。」交朋友，從某種意義上說，就是交品德。

第八章　得理也要讓三分

功高之時莫要忘記別人

許多人很有才能，當看到自己辛勤的勞動成果被別人冒名竊取時，自然會氣憤非常，可是這個人偏偏可能是自己的領導，於是抑鬱難平。他們卻沒有想過，如果自己過分耀眼，功高蓋主，也未必是一件好事。

呂不韋是陽翟的大商人，他往來各地，以低價買進，高價賣出，所以積累起巨額家產。秦昭王四十年，太子去世。過了兩年，昭王立安國君為太子。安國君有二十多個兒子，他有個非常寵愛的妃子，被立為正夫人，即華陽夫人，華陽夫人卻沒有兒子。安國君有個兒子名叫子楚，被作為秦國的人質派到趙國。由於秦國多次攻打趙國，趙國對子楚也不以禮相待。

子楚在趙國生活十分困窘，很不得意。呂不韋到趙國都城邯鄲做買賣，結識了子楚。他明白，子楚肯定是因為不被喜愛才被送往趙國做人質。按照一般的商人思維，對這樣的人投資是毫無價值的，頂多給他一點好處，也許他哪天撞上了好運，僥倖回到秦國當了一國諸侯，以後見面也可以給點照應。

但是呂不韋並不這樣看，他覺得子楚最大的政治優勢，就是他的父親是太子安國君，雖然安國君有眾多子女，子楚又不被喜歡，但是他畢竟是安國君的親生兒子，他是有希望成為秦王的。這就是這個人最大的投資價值。

呂不韋於是問父親：「耕田之利多少倍？」

父親答道：「十倍。」

呂不韋再問：「珠玉之利多少倍？」

父親答道：「一百倍。」

呂不韋接著問：「如果立主定國，那麼利益又是幾倍？」

父親很驚異地說：「如果能這樣，利益當然是無數倍。」

於是呂不韋認定子楚奇貨可居。

於是他就前去拜訪子楚，為子楚出謀劃策，他對子楚說：「秦王已經老了，安國君已經被立為太子。我聽說安國君非常寵愛華陽夫人，能夠選立太子的只有一個華陽夫人，但華陽夫人沒有兒子。現在您的眾多兄弟中，您排行中間，而且不受秦王寵倖，長期被留在趙國當人質，即使哪天秦王駕崩，安國君繼位為王，您也不要指望同你的兄弟們爭繼承人之位。」

子楚一聽，便問呂不韋該怎麼辦。呂不韋說：「您現在生活十分困窘，又長期客居在此，拿不出什麼東西來獻給親長，結交賓客。我雖然也不是很富有，但願意拿出千金來為你西去秦國遊說，侍奉安國君和華陽大人，盡力讓他們立您為繼承人。」

子楚於是叩頭拜謝道：「如果真有那麼一天，我願意將秦國的土地與您共用。」

呂不韋於是拿出五百金送給子楚，作為交結賓客之用，又拿出五百金買了一些珍奇玩物，自己帶著西去秦國遊說。呂不韋將所有寶物都獻給了華陽夫人，順便談及子楚聰明賢能，所結交的諸侯賓客遍及天下，而且常常把夫人看成天一般，日夜哭泣思念父親和夫人。

華陽夫人一聽十分高興。呂不韋又讓人勸說華陽夫人道：「我聽說用美色來侍奉男人的，一旦色衰，寵愛也就會隨之減少。現在夫人您侍奉太子，甚被寵愛，但沒有兒子。不如趁這個時候，早一點在太子的兒子中結交一個有才能而且孝順的人，立他為繼承人而又像親生兒子一樣對待他，那麼，丈夫在世時受到尊重，丈夫死後，自己的兒子又能繼位為王，始終也不會失勢……現在子楚賢能，而且自己也知道排行居中，按次序是不可能被立為繼承人的，而且他的生母不受寵愛，於是他只有主動依附於夫人，夫人如果能在這個時候提拔他為繼承人，那麼您一生在秦國都會受到尊崇。」

華陽夫人一聽覺得十分有道理，於是便向太子提議立子楚為繼承人，太子答應了。

呂不韋又選了一位美貌女子送給子楚，這個女子為子楚生了個兒子，叫嬴政，這就是日後的秦始皇。

不久子楚和呂不韋密謀，逃回了秦國，而將妻子和兒子留在了趙國。又過了幾年，秦昭王去世，太子安國君繼位為王，華陽夫人為王后，子楚為太子。安國君繼位不久就去世了，子楚即位，他就是莊襄王。莊襄王任命呂不韋為丞相，封為文信侯，把河南洛陽十萬戶作為他的食邑。

莊襄王即位三年之後死去，太子嬴政繼立為王，尊奉呂不韋為相國，稱他為仲父。呂不韋權傾朝野。

當時魏國有信陵君，楚國有春申君，趙國有平原君，齊國有孟嘗君，他們都禮賢下士，結交賓客，並且都極力在這方面爭個高低上下。呂不韋認為秦國如此強大，也應該在這方面超過他們。於是他召集了許多文人學士，給他們十分好的待遇，門下食客多達三千人。呂不韋組織自己的食客編了《呂氏春秋》，名聞天下。

秦王嬴政逐漸長大，漸漸對朝政有了自己的主見，但呂不韋仍然把持著朝政，君權和相權的矛盾開始激化。後來秦始皇終於找到個理由，將呂不韋罷免，讓他回到自己河南的封地去。

又過了一年多，各國的賓客使者絡繹不絕，前來問候呂不韋。秦王嬴政怕他發動叛亂。於是寫信給呂不韋說：「你對秦國有什麼功勞？秦國已經封你在河南，食邑十萬戶。你和寡人又有什麼血緣關係而號稱仲父？現在命令你和家屬都一概遷到蜀地去居住！」

呂不韋一看就明白自己已經逐漸被逼迫，害怕日後被殺，於是就喝下毒酒自殺。

歷史上對呂不韋並沒有多少好評，但是對他卓絕的經商頭腦確實讚歎不已，尤其是他所認定的「奇貨可居」，正說明了呂不韋這個人眼光十分敏銳，而且看得長遠。

但是呂不韋唯一看不長遠的是，他沒有看到自己干涉了一個英明國君的成長，他已經權傾朝野，還要著書立說，求得盛名，更不為秦王嬴政所容。後世很多人猜測呂不韋之所以沒有反叛嬴政，是因為嬴政是他的私生子。呂不韋和嬴政不管是不是父子關係，他們的矛盾最終是要激化的。因為他們兩個人都是十分強硬的人。而最終會採取極端行動的必然是嬴政，因為呂不韋功成之後還居高位，功高蓋主，不知道自我保全。

功高蓋主而不自省，即便是再顯赫的人，最終也會受制於人，成為過眼雲煙。今日的驕橫只會換來明日的妥協，給自己帶來殺身之禍。所以，功高之時莫要忘記別人，更莫要忘記低調。

學會恰到好處地把功勞讓給上司

不要以為自己立了功，就有了討好上司，固寵求榮的法寶和資本。事實上，立了功其實是很危險的事情。要不歷史上怎麼有那麼多人，功成就身退了呢？立了功，的確說明你是有才華、有智慧的，可是你絕對不能居功自傲，獨享榮譽，而要恰到好處地把功勞讓給上司。

三國末期，西晉名將王濬於西元二八〇年巧用火燒鐵索之計，滅掉了東吳。三國分裂的局面至此結束，國家又重新歸於統一，王濬的歷史功勳是不可埋沒的。豈料王濬克敵制勝之日，竟是受讒遭誣之時。安東將軍王渾以不服從指揮為由，要求將他交司法部門論罪，又誣王濬攻入建康之後，大量搶劫吳宮的珍寶。

這不能不令功勳卓著的王濬感到畏懼。當年，消滅蜀國，收降後主劉禪的大功臣鄧艾被讒言構陷而死，他害怕重蹈鄧艾的覆轍，便一再上書，陳述戰場的實際狀況，辯白自己的無辜，晉武帝司馬炎倒是沒有治他的罪，而且力排眾議，對他論功行賞。

可王濬每當想到自己立了大功，反而被豪強大臣所壓制，一再被彈劾，便憤憤不平，每次覲見皇帝，都一再陳述自己伐吳之戰中的種種辛苦以及被人冤枉的悲憤，有時感情激動，也不向皇帝辭別，便憤憤離開朝廷。他的一個親戚范通對他說：「足下的功勞可謂大了，可惜足下居功自傲，未能做到盡善盡美！」

王濬問：「這話什麼意思？」

范通說：「當足下勝利凱旋之日，應當退居家中，再也不要提伐吳之事，如果有人問起來，你就說：『是皇上的聖明，諸位將帥的努力，我有什麼功勞可誇的！』這樣，王渾能不慚愧嗎？」

王濬按照他的話去做了，讒言果然不止自息。

喜好虛榮，愛聽奉承，這是人類本性的弱點，作為一個萬人矚目的帝王更是如此。有功歸上，正是迎合了這一點。你想誰不願意功勞卓著？尤其是作為君主，哪個能容忍臣下的功勞超過自己呢？

龔遂是漢宣帝時代一名能幹的官吏。當時渤海一帶災害連年，百姓不堪忍受饑餓，紛紛聚眾造反，當地官員鎮壓無效，束手無策，宣帝派年已七十餘歲的龔遂去任渤海太守。

龔遂單車簡從到任，安撫百姓，與民休息，鼓勵農民漁田種桑，經過幾年治理，渤海一帶社會安定，百姓安居樂業，溫飽有餘，龔遂名聲大振。

於是，漢宣帝召他還朝，他有一個屬吏王先生，請求隨他一同去長安，說：「我對你會有好處的！」

其他屬吏卻不同意，都說：「這個人一天到晚喝得醉醺醺的，又好說大話，還是別帶他去為好！」

龔遂說：「他想去就讓他去吧！」

到了長安後，這位王先生終日還是沉溺在醉鄉之中，也不見龔遂。可有一天，當他聽說皇帝要召見龔遂時，便對看門人說：「去將我的主人叫到我的住處來，我有話要對他說！」

龔遂也不計較一副醉漢狂徒嘴臉的王先生，果真來了。

王先生問：「天子如果問大人如何治理渤海，大人當如何回答？」

龔遂說：「我就說任用賢才，使人人各盡其能，嚴格執法，賞罰分明。」

王先生連連擺頭道：「不好！不好！這麼說豈不是自誇其功嗎？請大人這麼回答：這不是小臣的功勞，而是天子的神靈威武所感化！」

龔遂接受了他的建議，按他的話回答了漢宣帝，宣帝果然十分高興，便將龔遂留在身邊，任以顯要而又清閒的官職。

做臣下的，最忌諱自表其功，自矜其能。凡是這種人，十有八九要遭到猜忌而沒有好下場。

「伴君如伴虎」，是古人總結出來的至理名言。懂得如何與領導相處、明哲保身，是非常需要智慧的。一些人自以為有功便忘乎所以，特別容易招惹上司和君上忌恨。把功勞讓給上司，才是明智的捧場，是穩妥的自保。在官場上如此，在職場上亦是如此。

與上司相處，一定要在各方面維護他做上司的權威，不要恃才傲物，居功自傲，否則終會成為上司和同事的「眼中釘」。工作中取得了成績，會給你帶來一定的榮耀，但是你一定要把這份榮譽歸功於上司，把鮮花讓給上司，把眾人的目光引到上司身上。否則，若是你搶了上司的風頭，後果就嚴重了。

在現實中，如果你有翹尾巴的嫌疑，就一定要注意以下幾點了。

第一，態度上要端正。你要認清形勢，無論你的上司多麼無能，他就是上司，你就是下屬，你不能改變就必須面對。

第二，行動上要低調。將心比心，你也不希望下屬的鋒芒蓋過你吧？所以，不論在公共場合或者私底下，你都要給足上司面子。比如寫個報告，做好後可以給上司審閱，讓他做些無傷大雅的修改；有上司在的話，別人表揚你的工作不要忘了附帶一句，謝謝上司的支持。在大家討論工作問題時，不要和上司發生激烈的爭執，有話可以私底下好好說。

第三，千萬不要越級彙報和邀功。這在很多公司都是非常忌諱的。

如果你能夠做到推恩施惠，相信不僅可以避免功高蓋主的定時炸彈，而且能夠成為一名卓越的領軍人物，因為你抓住了為人處世中最核心的部分。可以說，這是千百年來秘而不宣的潛規則之一。

有很多聰明人，因為不明白這一點，最後稀裡糊塗地掉了腦袋。也有很多看起來很傻的人，因為明白了這一點，從而在人生中遊刃有餘，最終成就了自己的事業和一世的美名！

大智若愚，大巧若拙

「君子之心事，天青日白，不可使人不知；君子之才華，玉韞珠藏，不可使人易知。」翻譯成白話就是，君子的內心像青天白日一般明朗，光明正大，沒有一絲一毫的陰影與黑暗。但他的才華和能力卻應該像珠玉一樣深深地藏起來，不可輕易向世人炫耀。

世間往往有這樣一種奇怪的現象——越是有本事的人，他們往往越低調，看上去就像什麼都不會一樣。而那些經常顯擺自己無所不能的人，到了關鍵時刻就腿軟，其實什麼都做不好。

《道德經》中說的「大智若愚，大巧若拙」，聽起來好像是讓人裝笨裝糊塗，其實不然，其中有著很深刻的為人處世的道理——隱藏自己的聰明，不做挨打的出頭鳥。炫耀自己的人，從來都是優點打折，而缺點卻暴露無遺。這個道理看看孔雀開屏就全明白了——孔雀在開屏的時候，在炫耀自己絢爛羽毛的時候，往往也露出了最醜陋的屁股。如果你炫耀自己的聰明，你最愚蠢的一面就呈現在眾人面前了。

世界就是這樣奇妙，當一個美麗的女人炫耀自己的美麗時，她就開始變得醜陋！當一個聰明人炫耀自己的聰明時，他就開始變得愚蠢。

我們可以繼續延伸——一個本來很有才華的人，當炫耀自己的才華時，才華就開始變得一文不值了！一切都在悄悄地發生變化，彷彿其中有魔鬼在控制一般。我們每個人都逃脫不了這樣的控制，這就是人心的複雜之處。你的態度可以創造一種美麗，也可以毀掉一種美麗。聰明是可以創造和修煉的，而自作聰明也可以變得像糞土一樣廉價和令人生厭。

《菜根譚》中有這樣一段話：「利欲未盡害心，意見乃害心之蟊賊；聲色未必障道，聰明乃障道之藩屏。」意思就是說，名利和欲望未必都會傷害自己的本性，而剛愎自用、自以為是的偏見才是殘害心靈的毒蟲；淫樂美色未必會妨礙人對真理的探求，自作聰明才是修悟道德的最大障礙。在現實中，許多人正是因為急於表現才智，才導致四處碰壁、舉步艱難。

有家公司老闆，帶著三個得力部下去打高爾夫球。前兩個部下先打，都表現得十分差勁，第一位只把球打出二十米，第二位甚至把球打到了水塘裡。老闆拿起球桿問第三位部下：「你能把球打到八十米對面的那座斜坡上嗎？」

這位部下毫不猶豫地回答：「當然能！」說罷，「啪」地一杆，球飛出了一道優美的弧線，足足有一百米遠，完成得十分出色。他得意揚揚地望著老闆，可是，看到的卻是老闆的一張苦瓜臉。

第三位部下根本不理解老闆的弦外之音。這種場合，本來是老闆滿足自己虛榮心，展示領導權威的機會。他卻賣弄聰明，還以為能在老闆面前討個頭彩，留下好印象，為今後在公司的發展增加籌碼。不料正好撞到槍口上，倒楣也是活該！與其說這是聰明有才，倒不如說他蠢笨如牛。在這種場合，他越賣力表現，就越給自己在公司的前途帶來不利。

在現實生活中，自作聰明的人到處都是，但成功的人卻沒有幾個。他們炫耀自己的才華和聰明，結果卻只落了個顆粒無收的下場，可以說學富五車，但口袋裡卻空空如也。這是否是上天給予世人的一種警告？

說到這裡，你還敢輕視這樣的處世法則嗎？完全不是聳人聽聞，這樣的處世法則決定著一個人的命運。一個深諳此道的人，往往能夠在不知不覺間獲得成功，而不明白其中真相的人，往往一敗塗地又不得要領，直到臨死的那一天還處於懵懂狀態，不知道自己的問題出在哪裡。

千萬不要做這樣的無知者！從今天開始，讓自己真正低調起來，從內心裡謙遜起來，而不是假裝的樣子。要知道，假裝的低調沒用，因為它是一種更加炫耀的姿態。世界上沒有誰是傻瓜，沒有人是看不出來的，我們需要做到真正的不張揚，真正的謙卑和努力。如果你能夠做到這一點，你就能夠慢慢變成一個最明智的人，一個有能力改變自己命運的人。

但是，不張揚並非讓你不作為，內斂也不是讓你將自己鎖進大箱子，而是等待最佳時機，然後一鳴驚人。況且，如果沒有前期大智若愚的鋪墊，一鳴驚人的效果也不會達到，整天忙著表現自己的人，其實永遠也不會驚人。

聰明在關鍵時刻表現出來才會有爆發力，才能引起眾人足夠的關注，給人留下深刻的印象。那些平時聰明過度的人，他的心思全用在如何吸引大家的眼球上，輕浮衝動、沉不住氣，到了緊要關頭，反而拿不出讓人眼前一亮的東西，於是也就現了原形。

不管是為人處世，還是在工作中，這個道理都是適用的。「立名者，所以為貪」，到處宣揚、生怕別人不知道自己的人，肚子裡裝的其實全是草；到處賣弄小聰明，顯得自己智商很高的人，往往就是我們正在「尋找」的那個超級大笨蛋。碰到這些眉頭上刻著「我很聰明」的蠢才，要趕緊離他遠點！

低下頭去實幹，用成績說服別人

在生活中，我們往往會遇到別人的貶斥或不公平的評論。此時，任何人都不可能心裡舒服，於是，心浮氣躁者就容易與人發生爭執，就算爭論成功也只能得到對方口頭上的讓步。

真正的聰明人卻永遠都不會採取這種方式來證明自己，而是選擇用實際成績來證明一切。在受到別人質疑的時候暫時沉默，糊塗地對待外界的一切干擾，而暗地積蓄力量以求厚積薄發。

麥克・史瓦拉是美國一名電視節目主持人，他所主持的「六十分鐘」是人人樂道的節目。在剛進入電視臺的時候，他是一名新聞記者，因口齒伶俐，反應快，所以除了白天採訪新聞外，晚上又報導七點半的黃金檔。

以他的努力和觀眾的良好反應，他的事業應該是可以一帆風順的。很不幸的是，因為麥克的為人很直率，一不小心得罪了頂頭上司新聞部主管。有一次在新聞部會議上，新聞部主管出其不意地宣布：「麥克報導新聞的風格奇異，一般觀眾不易接受。為了本台的收視率著想，我宣布以後麥克不再在黃金檔報導新聞，改在深夜十一點報導新聞。」

新聞主管的消息讓麥克非常意外，他知道自己被貶了，心裡覺得很難過，但他突然想到：「這也許是上天的安排，主要是在幫助我成長。」他的心漸漸平靜下來，表示欣然接受新差事，並說：「謝謝主管的安排，這樣我可以利用六點鐘下班後的時間來進修。這是我早就有的想法，只是不敢向你提起罷了。」

此後，麥克天天下班之後就去進修，並在晚上十點左右趕回公司準備十一點的新聞。他把每一篇新聞稿都詳細閱讀，充分掌握它的來龍去脈。他的工作熱忱絕沒有因為深夜的新聞收視率較低而減退。

漸漸地，收看夜間新聞的觀眾越來越多，佳評也越來越多。隨著這些不斷的佳評，有些觀眾也責問：「為什麼麥克只播深夜新聞，而不播晚間黃金檔的新聞？」詢問的信件、電話不斷，這引起了總經理的關注。

總經理把厚厚的信件攤在新聞部主管的面前，批評他說：「你這新聞主管怎麼搞的？麥克如此人才，你卻只派他播十一點新聞，而不是播七點半的黃金時段？」

新聞部主管解釋：「麥克希望晚上六點下班後有進修的機會，所以不能排上晚間黃金檔，只好排他在深夜的時間。」

「叫他儘快重回七點半的崗位，我下令他在黃金時段中播報新聞。」

就這樣，麥克被新聞部主管又調回黃金時段。不久之後，被選為全國最受歡迎的電視節目主持人之一。

過了一段時間，電視界掀起了益智節目的熱潮，麥克獲得十幾家廣告公司的支持，決定也開一個節目，找新聞部主管商量。

積著滿肚子怨恨的新聞部主管，板著臉對麥克說：「我不准你做！因為我計畫要你做一個新聞評論性的節目。」

雖然麥克知道當時評論性的節目爭論多，常常吃力不討好，收入又低，但他仍欣然接受說：「好極了！」

自然，麥克吃盡苦頭，但他沒說什麼，仍是全力以赴，為新節目奔忙。節目上了軌道也漸漸有了名聲，參加者都是一些出名的重要人物。

總經理看好麥克的新節目，也想多與名人和要人接觸。有天他召來新聞部主管，對他說：「以後節目的腳本由麥克直接拿來給我看！為了把握時間，由我來審核好了，有問題也好直接跟製作人商量！」

從此，麥克每週都直接與總經理討論，許多新聞部的改革也有他的意見。他由冷門節目的製作人，漸漸變成了熱門人物。由此他也獲得許多全美著名節目的製作獎，從而成為家喻戶曉的名人。

爭論可以給自己帶來暫時的失利，但實幹所做出的成績卻更具有說服力。所以，我們如果遇到類似麥克・史瓦拉那樣的情況，應該心裡清楚，卻要做一個表面上的糊塗人。用自己的努力去贏得別人的首肯。

孟買佛學院是印度最著名的佛學院之一。這所佛學院之所以著名，除了它的建院歷史久遠、培養出了許多著名的學者之外，還有一個特點是其他佛學院所沒有的。這是一個極其微小的細節，但是，所有進入過這裡的人，當他再出來的時候，幾乎無一例外地承認，正是這個細節使他們頓悟，正是這個細節讓他們受益無窮。

原來孟買佛學院在它的正門一側，又開了一個小門，這個小門只有一米五高，一個成年人要想過去必須低頭而過，否則就只能碰壁了。

這正是孟買佛學院給它的學生上的第一堂課。所有新來的人，教師都會引導他到這個小門旁，讓他進出一次。很顯然，所有的人都是低頭彎腰進出的，儘管有失禮儀和風度，但是卻可以使人有所領悟。

教師說，大門當然出入方便，而且能夠讓一個人很體面、很有風度地出入。但是，有很多時候，我們要出入的地方並不都是有著壯觀的大門的。這個時候，只有暫時放下尊貴和體面的人，才能夠出入。否則，有很多時候，你就只能被擋在院牆之外了。

佛學院的教師告訴他們的學生，佛學的哲學就在這個小門裡，人生的哲學也在這個小門裡，尤其是通向這個小門的路上，幾乎是沒有寬闊的大門的，所有的門都是需要彎腰低頭才可以進去。

要使自己在人生旅途中一帆風順，少遇挫折，彎腰、低頭是最好的處世方式，對每個人來說這都是一門必不可少的人生功課。而低調做人正是一種必修的人生功課。

無論順境、逆境，低調一點終歸沒有害處。倘若你還未學會低頭、彎腰通過人生的那道門，碰壁就在所難免。而當你在碰壁了之後才學會彎腰、低頭，只怕也已錯過了最好的時候。因此，不要等到吃虧了才知道該長一智。

別在失意者面前炫耀你的得意

人生得意須盡歡，如果你正得意，要你不談論不太容易，哪一個意氣風發的人不是如此?所以這種人也沒什麼好責怪的。但是談論你的得意時要看場合和對象。在這個社會上，有些人總喜歡炫耀自己，往往認為自己的學識高人一等。每遇親朋好友，就迫不及待地大肆吹噓自己的心得、經驗，卻不知這樣常令一旁的好友不知所措。

舉個例子來說，一個擅長做事的人，看到不會做事的人，很可能會揶揄他一番：「你的腦子不夠用嗎？」這話必定不會讓他感到愉快的。所以，每逢開口說話，不管是什麼內容，都要注意別讓別人產生自己被比下去的感覺。

一般來說，失意的人較少攻擊性，鬱鬱寡歡是最普通的心態，但別以為他們只是如此。聽了你的得意後，他們普遍會產生一種心理——懷恨。這是一種轉移到心底深處的對你的不滿的反擊，你說得口沫橫飛，不知不覺已在失意者心中埋下一顆炸彈。

失意者對你的懷恨不會立即顯現出來，因為他無力顯現，但他會通過各種方式來洩恨，例如說你壞話、扯你後腿、故意與你為敵，主要目的則是——看你得意到幾時，而最明顯的則是疏遠你，避免和你碰面，以免再見到你，於是你不知不覺中就失去了一個朋友。

不管失意者所採取的洩恨手段對你造成多大的損失，至少這是你人際關係上的危機，對你絕對是沒有好處的。

智者曾說：「不要在一個不打高爾夫球的人面前，談論有關高爾夫球的話題，那樣不會讓你顯得博學，反而會讓你顯得更加無知。」同樣道理，也不要在失意者面前討論你的得意，即便你說者無意，也難免聽者有心，認為你是在自我炫耀，無視他的存在或鄙視他的無知，從此忌恨你。

放下「身架」才能提高「身價」

在平常的生活中，我們總是能看到這樣一些人，他們愛擺「身架」，顯示出自己的與眾不同，哪怕自己只是當了不起眼的一個小官，也要官腔十足。而且他們不管做什麼事情都會裝模作樣，好像自己威風無比、唯我獨尊。然而，他們不知道，自己的「身架」擺得越大，在別人心目中的「身價」就越低。

喬治・華盛頓是美利堅合眾國的第一任總統。他正是靠著那平易近人的領導風格贏得了千萬美國人的尊重和擁戴的。

華盛頓雖然是個偉人，但他若在你面前，你會覺得他普通得就和你一樣，一樣的誠實、一樣的熱情、一樣的與人為善。

有一天，他穿著一件過膝的普通大衣獨自一人走出營房。他的低調讓遇到的每一個士兵都沒有認出他。當來到一條街道旁邊時，他看到一個下士正領著手下的士兵築街壘。那位下士雙手插在褲袋裡，站在旁邊，對抬著巨大水泥塊的士兵們喊道：「一、二，加把勁！」

但是，儘管下士喊破了喉嚨，士兵們也經過了多次努力，但還是不能把石頭放到預定的位置上。

他們的力氣幾乎用盡，石塊眼看著就要滾下來。這時，華盛頓疾步跑到跟前，用強勁的臂膀頂住石塊。這一援助很及時，石塊終於被放到了位置上。士兵們轉過身，擁抱華盛頓，表示感謝。

華盛頓轉身向那個下士問道：「你為什麼光喊加把勁卻不幫一幫大家呢？」「你問我？難道你看不出我是這裡的下士嗎？」那下士背著雙手，霸氣十足地回答道。

華盛頓笑了笑，然後不慌不忙地解開大衣鈕扣，露出他的軍裝：「按衣服看，我就是上將。不過，下次再抬東西的時候，你也可以叫上我。」

那個下士這時候才明白自己遇見的是誰，頓時羞愧難當。

人的所謂「身架」是一種「自我之認同」，不是缺點，但這種「自我之認同」也是一種「自我之限制」，也就是說，「因為我是這種人，所以我不能去做那種事」。所以，自我認同越強的人，自我限制也越厲害。而放下「身架」，就是做到為人處世、與人交往、待人接物時謙虛低調。

「君子貴人而賤己，先人而後己。」百米賽跑，不低下身子就不能蓄勢，拉板車上坡，不弓下腰就用不上勁，做人亦是如此，為人虛心，放下架子，才是關鍵。

要想在社會上走出一條路來，就要放下身架，也就是放下你的學歷，放下你的家庭背景，放下你的身分，讓自己回歸到「普通人中」。同時也不要在乎別人的眼光和批評，做你認為值得做的事，走你認為值得走的路。

俗語說，豬「大」了值錢，人「大」了不值錢，說的也就是這個道理。「身架」與「身價」，既能給人帶來榮耀，也可能會毀掉一個人的聲名。昔日三國的劉備若無「三顧茅廬」的求賢之舉和平時禮賢下士的謙恭姿態，而是以「皇叔」的身分高高在上，就不會以後有三國爭雄的故事。身分和地位越高的人，越要把自己的「身架」放下，只有這樣才能贏得追隨者的敬重和信賴。

只有放得下你的「身架」，你的思考才會富有高度的彈性，才不會有刻板的觀念，而能吸收各種資訊，形成一個龐大的資訊庫；只有放得下你的「身架」，你才能比別人早一步抓到好機會，也能比別人抓到更多的機會，因為你沒有身架的顧慮；只有放得下你的「身架」，你才會在未來的人生道路上披荊斬棘，讓你的「身價」倍增。所以說，即便你能力再強、水準再高、頭銜再多、人際再廣，只有放下你的「身架」才可能真正提高你的「身價」。

放不下身架，就像是高高在上的酒杯，就是酒壺裡有再多的好酒，也倒不進去，變成浪費。放下身架並不是比人矮一截，而是用謙卑和真誠，去真正學到東西。

泰戈爾說過一句非常經典的話：「當我們開始謙卑的時候，便是我們接近偉大的時候。」難道不是這樣嗎？大海之所以成為納百川的大海，正是因為它肯放低身架，所有的河流才能順利進入它的懷抱。

給人好處千萬不要掛在嘴上

不要以為幫助別人只要你願意就行了，其實，幫助別人也需要一定的技巧。否則，你幫助了別人，別人還不一定會記得你的好處。

需要注意的一點就是，給人好處切莫自居，不要使對方覺得接受你的幫助是一種負擔，這樣你希望別人感激的虛榮心就會給接受者造成一定的心理壓力，在這種壓力下接受你的幫助，其心情可想而知。

在正常情況下，不到萬不得已的時候，人都是不願意求別人。求別人，如果別人答應幫助你，你就欠了一個人情，而我們知道，這個世界，唯有人情債是最難還的。如果別人拒絕了，自己臉上不好看，別人心裡也不舒服，彼此徒增尷尬。總之，求人本身並不是一件很光彩的事。所以，如果有人有求於你，又如果你有幫助他的能力，那麼最好不聲不響地給予他幫助，這會讓他感激不盡。

但是偏偏有些人有很強的虛榮心，一旦為朋友做了事，送了人情，等到大功告成，他便不知道自己姓什麼了。把簡單的說成複雜的，小事說成大事，生怕人家忘了。沒有朋友會因為你不說，就會忘記你送的人情，多說反而無益。你的多言，會使得願意幫助別人的良好初衷變質，並給你帶來不好的結果。

人情世故的微妙，有時候很耐人尋味。

在一個大雪紛飛的冬天，一個貧窮的農夫向村裡的首富借錢。恰好那天首富興致很高，便爽快地答應借給他銀子，末了還大方地說：「拿去吧，不用還了！」

農夫接過錢，小心翼翼地包好，就匆匆往家裡趕。首富衝他的背影又喊了一遍：「不用還了！」

第二天大清早，首富打開院門，發現自家院內的積雪已被人掃過，連屋瓦也掃得乾乾淨淨。他讓人在村裡打聽後，得知這事是農夫幹的。

這時首富明白了：給別人一份施捨，只能將別人變成乞丐，於是他前去讓農夫寫了一份借契。

事實上，農夫是在用掃雪的行動來維護自己的尊嚴，而首富向他討債極大地成全了他的尊嚴。在首富眼裡，世上無乞丐；在農夫心中，自己更不是乞丐。如果把「施恩」變成了「施捨」，一字之差，效果卻大大的不同。

生活中經常有這樣的人，幫了別人的忙，就覺得有恩於人，於是心懷一種優越感，高高在上，不可一世。這種態度是很危險的，常常會引發反面的效果，這就是費力不討好的表現。

幫了別人的忙，卻沒有增加自己人情帳戶的收入，正是這種驕傲的態度把這筆賬抵消了，別人心裡其實是非常感激的。如果你再大肆張揚，生怕沒有人知道你幫助了別人，那會讓別人覺得你是在炫耀自己而不是在幫助別人，同時這也會增加被幫助者的心理負擔。當被幫助者不能忍受你的這種行為的時候，就會儘快地還你一個人情，之後對你敬而遠之，下次再也不會有求於你。即使你再有能耐，他亦會另請高明。

由此可知，幫助別人的行為方式是非常值得注意的，不要使對方覺得接受你的幫助是一種負擔，應該做得自自然然，不要讓對方感受到你是在施捨。施捨就意味著不平等，你想誰會喜歡因為接受了你的一次幫助，就比你低了一頭的感覺呢？

需要注意的是，當你幫忙時要高高興興，不可以心不甘、情不願的。如果對方也是一個能為別人考慮的人，你為他幫忙的種種好處，絕不會像射出去的子彈似的一去不回，他一定會用別的方式來回報你。對於這種知恩圖報的人，應該經常給他些幫助。

人際往來，幫忙是互相的，切不可像做生意一樣赤裸裸的，把每件事擺放得清清楚楚。忽視了感情的交流，會讓人興味索然，彼此的交情也維持不了多長時間。有人為朋友做了事，送了人情，便時時掛在嘴邊，生怕人家忘了，這樣反而會破壞了前面積下的人情。記住，沒有人會因為你不說而忘記你送的人情。

得理也要讓三分

「徑路窄處，留一步與人行；滋味濃時，減三分讓人嘗。」這句話旨在說明謙讓的美德。在道路狹窄之處，應該停下來讓別人先行一步。只要心中經常有這種想法，那麼人生就會快樂祥和。

中國自古以來就是禮儀之邦，謙和禮讓更是中華民族的美德。當你在狹窄的路上行走時，要給別人留一點餘地；羊腸小徑兩個人互相通過時，如果爭先恐後，各不相讓，那麼兩個人都有墜入深谷的危險，在這種情況下停住腳步讓對方先過去，不僅是種禮貌，更是為了安全。

當你遇到美味可口的佳餚時，要留出三分讓給別人吃，這樣才是一種美德。路留一步，味留三分，是提倡一種謹慎的利世濟人的方式。在生活中，除了原則問題須堅持外，對小事互相謙讓會使個人的身心保持愉快。

清代康熙年間，人稱「張宰相」的張英與一個姓葉的侍郎，兩家毗鄰而居。葉家重建府第，將兩家公共的弄牆拆去並侵佔三尺，張家自然不服，引起爭端。張家立即發雞毛信給京城的張英，要求他出面干預，張英卻作詩一首：「千里家書只為牆，再讓三尺又何妨？萬里長城今猶在，不見當年秦始皇。」張老夫人看見詩即命退後三尺築牆，而葉家深表敬意，也退後三尺。這樣兩家之間即由從前三尺巷形成了六尺巷，被百姓傳為佳話。

凡事讓步在表面上看好像是吃虧，但事實上由此獲得的收益要比你失去的還要多。這正是一種成熟的、以退為進的明智做法。

事物的發展都是相對的，謙讓很多時候都是發生在競爭的情形之中，由於謙和禮讓的出現而使矛盾完全化解，更免去了一場不必要的爭鬥，對手變手足，仇人變兄弟。因此，讓人是避免鬥爭的極好方法。

得理不讓人，讓對方走投無路，有可能激起對方「求生」的意志，而既然是「求生」，就有可能是「不擇手段」，這對你自己將造成傷害，好比老鼠關在房間內，不讓其逃出，老鼠為了求生，會咬壞你家中的器物，放牠一條生路，牠「逃命」要緊，便不會對你的利益造成破壞。對方「無理」，明知理虧，你在「理」字已明之下，放他一條生路，他會心存感激，來日自當圖報。就算不會如此，也不太可能再度與你為敵。這就是人性。

當你一味爭搶的時候，不僅傷害了對方，也有可能連帶地傷了他的家人，甚至毀了對方一生的幸福，這未免有失做人的德行。得理讓人，不僅是一種積蓄，更是一種財富。

世界很大也很小，要知道地球是圓的，山不轉水轉，後會有期的事情常有發生。你今天得理不讓人，哪知他日你們二人又會狹路相逢。若那時他處於優勢，而你處於劣勢，你就有可能吃虧。「得理讓人」，這也是為自己以後做人留條後路啊！正所謂「人情翻覆似波瀾」。

今日的朋友，也許將成為明日的仇敵；而今天的對手，也可能成為明天的朋友。世事一如崎嶇道路，困難重重，因此走不過的地方不妨退一步，忍一時風平浪靜，退一步海闊天空。讓對方先過，哪怕是寬闊的道路也要留給別人足夠的空間。你會發現，既是為他人著想，又能為自己留條後路。

「若想在困難時得到援助，就應在平時寬以待人。」包容接納、團結更多的人，在順利的時候共同奮鬥，在困難的時候患難與共，進而為自己增加成功的能量，創造更多的成功機會。反之，則會被大家疏遠，在成功的道路上，人為地增加了阻力。

人們往往把大海比作寬廣的胸懷，因為大海能廣納百川，也不拒暴雨和巨浪；也有人把忍耐比作彈簧，彈簧具有能伸能屈的韌性。人們在一個單位或集體中工作學習，難免會產生一些意見或矛盾。但是，如果經常為一些雞毛蒜皮的小事爭得面紅耳赤，誰都不肯甘拜下風，以致大打出手，事後靜下心來想想，當時若能忍讓三分，自會風平浪靜，大事化小、小事化了。事實上，越是有理的人，如果表現得越謙讓，越能顯示出他胸襟坦蕩，富有修養，反而更能得到他人的欽佩。

漢朝時有一個叫劉寬的人，為人寬厚仁慈。

他在南陽當太守時，小吏、老百姓做了錯事，為了以示懲戒，他只是讓差役用蒲草鞭責打，使之不再重犯，此舉深得民心。劉寬的夫人為了試探他是否像人們所說的那樣仁厚，便讓婢女在他和屬下集體辦公的時候捧出肉湯，故作不小心把肉湯灑在他的官服上。

要是一般的人，必定會把婢女毒打一頓，至少也要怒斥一番。但是劉寬不僅沒發脾氣，反而問婢女：「肉羹有沒有燙著你的手？」由此足見劉寬之度量確實超乎一般人。

這就是有理讓三分的做法，劉寬的度量可謂不小。他感化了人心，也贏得了人心。人人都有自尊心和好勝心，在生活中，對一些非原則性的問題，我們應該主動顯示出自己比他人更有容人之雅量。

俗話說，人非聖賢，孰能無過。每個人都難免偶有過失，因此每個人都有需要別人原諒的時候。大部分人一旦陷身於爭鬥的漩渦，便不由自主地焦躁起來，有時為了利益，甚至是為了面子，也要強詞奪理，一爭高下。一旦自己得了「理」，便決不饒人，非逼得對方鳴金收兵或自認倒楣不可。然而這次「得理不饒人」雖然讓你吹著勝利的號角，但也成了下次爭鬥的前奏。因為這對「戰敗」的一方也是一種面子和利益之爭，他當然要伺機「討」還。

在這種時候，我們為什麼就不能像劉寬那樣，即使自己有理，也應讓別人三分。其實，有些時候給他人讓出了臺階，也是為自己攢下了人情，留下一條後路。

寬以待人，要有主動「讓道」精神，寬容讓人。我們在與他人交往中，常常會因為個性、脾氣、愛好等的差異，產生矛盾或衝突，此時我們應記住一位哲人的話：「航行中有一條公認的規則，操縱靈敏的船應該給不太靈敏的船讓道。這在人與人的關係中也是應遵循的一條規律。」因此，做一個能理解、容納他人優點和缺點的人，才會受到他人的歡迎。相反，那些只知道對人吹毛求疵，沒完沒了地批評說教的人，怎麼會擁有親密的朋友呢？人們對他只有敬而遠之！

第九章 適應你所在的環境

適應環境是人的潛能

一般來說，職場中有兩種人——改變環境的人和適應環境的人。大多數人都是適應環境的人，就像堅韌的仙人掌，在多麼貧瘠的土地上也能夠生存。但也有一些極少數的人，他們就像雨露一樣，慢慢地滲透土地，化貧瘠為富饒。

有一個人總是落魄不得志，便有人向他推薦智者。

智者沉思良久，默然舀起一瓢水，問：「這水是什麼形狀？」

這人搖頭：「水哪有什麼形狀？」

智者不答，只是把水倒入杯子，這人恍然大悟：「我知道了，水的形狀像杯子。」

智者搖頭，輕輕端起杯子，把水倒入一個盛滿沙土的盆，清清的水便一下融入沙土，不見了。

這個人陷入了沉默與思索。過了很久，他說：「我知道了，社會處處像一個規則的容器，人應該像水一樣，盛進什麼容器就是什麼形狀。而且，人還極可能在容器中消逝，就像這水一樣，消逝得迅速、突然，而且一切無法改變！」

「是這樣，」智者拈須，轉而又說，「又不是這樣！」說畢，智者出門，這人隨後。在屋簷下，智者用手指著青石板上的小窩說：「一到雨天，雨水就會從屋簷落下，看這個凹處就是水落下的結果。」

此人大悟：「我明白了，人可能被裝入規則的容器，但又可以像這小小的水滴，改變著這堅硬的青石板。」

智者說：「對，這個窩會變成一個洞！」

生活之中會有各樣的環境，要融入環境，但是也要努力地展示自我，用自我的精神影響環境，就像石縫裡生長的松柏，一叢蒼翠，傲然挺立！

適應環境是人生來就有的潛能，人之所以為人，也是長期進化的結果。人是自然與社會的統一體。嬰兒出生時只是個自然的生物人。要轉化成社會人，就必須經歷社會化的過程，人的社會化即個體與社會不斷調整適應的過程。

一個人要在社會中生存和發展，就必須使自己的思想觀念、思維方式、知識能力以及生活方式、生活習慣等一切同社會環境相適應。一個人要在事業上有所作為，離不開職業崗位提供的條件，離不開領導的支持和周圍人的幫助，而這一切的獲取是以適應為前提條件的。

正所謂：**入海為龍你就行雲布雨，上山成虎你就威懾山林**。擔任領導應該公正無私，具體經辦就要兢兢業業。優勝劣汰，適者生存，學會適應環境，調整心態，這一生就必然會活得充實而精彩！

改變不了環境，就改變自己

改變周圍的環境，想必是很多人都有過的夢想。比如，我們會抱怨周圍的衛生環境太差了，但是看到遍地的垃圾，自己也會把手裡的廢紙隨手一丟，還會安慰自己說反正已經髒成這樣了，也不多這一張廢紙。也許，大多數人和你抱著同樣的想法，如果我們每個人都從改變自己開始，衛生環境不就改觀了嗎？

很久以前，人類都是赤腳行走的。一位國王去偏遠的鄉間旅遊，路上有很多碎石頭，把他的腳硌得生疼，他大怒，回到皇宮後，就下令將國內所有的道路都鋪上一層牛皮。他覺得這樣做，不僅自己不再受苦，全國老百姓也都可以免受石頭硌腳之苦了。

願望是好的，問題是從哪裡來那麼多牛皮？就算把全國所有的牛都殺了，也籌措不到足夠的皮革，這還不算用牛皮鋪路所花費的金錢、動用的人力。但既然是國王的命令，誰敢說個「不」字呢？

就在大家為此發愁的時候，一個聰明的大臣大膽向皇帝諫言說：「國王啊！為什麼您要勞師動眾，犧牲那麼多頭牛，花費那麼多金錢呢？您何不只用兩小片牛皮包住您的腳，這樣不就免受石頭硌腳之苦了嗎？」

國王一聽，當下醒悟，於是立刻收回命令，改用這位大臣的建議。據說，這就是「皮鞋」的由來。

可見，想改變世界很難，而改變自己則容易得多。與其改變全世界，不如先改變自己。當你改變了自己，你眼中的世界自然也就跟著改變了。所以，如果你希望看到世界改變，那麼第一個必須改變的就是自己。

在英國威斯敏斯特教堂的地下室，聖公會主教的墓碑上寫著這樣一段話：

當我年輕的時候，我的想像力沒有受到任何限制，我夢想改變整個世界。

當我漸漸成熟明智的時候，我發現這個世界是不可能改變的，於是我將眼光放得短淺了一些，那就只改變我的國家吧！但是這也似乎很難。

當我到了遲暮之年，抱著最後一絲希望，我決定只改變我的家庭、我親近的人——但是，唉！他們根本不接受改變。

現在在我臨終之際，我才突然意識到：如果起初我只改變自己，接著我就可以改變我的家人。然後，在他們的激發和鼓勵下，我也許就能改變我的國家。再接下來，誰知道呢，或許我連整個世界都可以改變。

當我們面臨沒有能力去改變環境的時候，尤其是環境不利於我們的時候，要想方設法改變自己，這是一種智慧，一種策略。

伊索寓言中有一個故事：

一陣狂風，把一棵大樹連根拔起。大樹看到旁邊池塘裡的蘆葦就問：「為什麼這麼粗壯的我都被風刮斷了，而這麼纖細的你卻什麼事也沒有呢？」

蘆葦回答說：「我知道自己軟弱無力，就低下頭給風讓路，避免了狂風的衝擊；而你卻拼命抵抗，結果被狂風刮斷了。」

我們就應該像蘆葦，儘管軟弱，但有智慧。面對狂風捲來，不是試圖與之對抗，而是伏下身子，低頭彎腰，化險為夷。更重要的是，積蓄力量，在機會到來之時，進行全力衝刺。

逆境是上天的恩賜

一位偉人說過：「並不是每一次不幸都是災難，早年的逆境通常是一種幸運。與困難作鬥爭不僅磨礪了我們的人生，也為日後更為激烈的競爭準備了豐富的經驗。」

高爾基也曾說過：「苦難是最好的大學。」逆境和苦難常常能鍛煉人們的意志，一旦具備了像鋼鐵一般的意志，成功對於他們而言，也是理所當然的事情了。事實上，每一位傑出人物的成長道路都不是一帆風順的。正是他們善於在艱難困苦中向生活學習，磨礪意志，才在最險峭的山崖上紮根成長為最偉岸挺拔的大樹，昂首向天。

大約在兩個半世紀以前，在法國里昂的一個盛大宴會上，來賓們就一幅繪畫到底是表現了古希臘神話中的某些場景，還是描繪了古希臘真實的歷史畫面，展開了激烈的爭論。

看到來賓們一個個面紅耳赤，吵得不可開交，氣氛越來越緊張，主人靈機一動，轉身請旁邊的一個侍者來解釋一下畫面的意境。

這是一位地位卑微的侍者，他甚至根本就沒有發言的權利，來賓們對主人的建議感到不可思議。結果卻大大出乎人們的意料，這位侍者的解釋令所有在座的客人都大為震驚，因為他對整個畫面所表現的主題作了非常細緻入微的描述。

他的思路非常清晰，理解非常深刻，而且觀點幾乎無可辯駁。因而，這位侍者的解釋立刻就解決了爭端，所有在場的人無不心悅誠服。大家對侍者一下子產生了興趣。

「請問您是在哪所學校接受教育的，先生？」在座的一位客人帶著極其尊敬的口吻詢問這位侍者。

「我在許多學校接受過教育，閣下，」年輕的侍者回答說：「但是，我在其中學習時間最長，並且學到東西最多的那所學校叫作『逆境』。」

這個侍者的名字叫尚・雅克・盧梭。他的一生確實都是在逆境中度過的，早年貧寒交迫的生活，使得盧梭有機會成為一個對社會方方面面有著深刻認識的人，儘管他那時只是一個地位卑微的侍者，然而，他卻是那個時代整個法國最偉大的天才，他的思想甚至對今天的生活仍有著重要的影響。讓・雅克・盧梭的名字，和他那閃爍著人類智慧火花的著作，就像暗夜裡的閃電一樣照亮整個歐洲。

這一切偉大成就的取得，莫不得益於那所叫「逆境」的學校。

「逆境」是最為嚴厲、最為崇高的老師，它用最嚴格的方式教育出最傑出的人物。人要獲得深邃的思想，或者要取得巨大的成功，就要善於從艱難窮困中摒棄淺薄。不要害怕苦難，不要鄙夷不幸。往往不幸的生活造就的人才會深刻、嚴謹、堅忍並且執著。

很多年輕人也許都心存憤懣，也許都在抱怨命運的不公平，抱怨環境對自己的不利影響，那麼，瞭解一下英國著名作家威廉姆・科貝特當年如何學習的事蹟，一定能讓你停止這類的抱怨。

科貝特回憶說：「當我還只是一個每天薪俸僅為六便士的士兵時，我就開始學語法了。我鋪位的邊上，或者是專門為軍人提供的臨時床鋪的邊上，成了我學習的地方。我的背包也就是我的書包。把一塊木板往膝蓋上一放，就成了我簡易的寫字檯。在將近一年的時間裡，我沒有為學習而買過任何專門的用具。我沒有錢來買蠟燭或者是燈油。在寒風凜冽的冬夜，除了火堆發出的微弱光線之外，我幾乎沒有任何光源。而且，即便是就著火堆的亮光看書的機會，也只有在輪到我值班時才能得到。為了買一枝鋼筆或者是一疊紙，我不得不節衣縮食，從牙縫裡省錢，所以我經常處於半饑半飽的狀態。」

「我沒有任何可以自由支配的用來安靜學習的時間，我不得不在室友和戰友的高談闊論、粗魯的玩笑、尖厲的口哨聲、大聲的叫罵等各種各樣的喧囂聲中努力靜下心來讀書寫字。要知道，他們中至少有一半以上的人是屬於最沒有思想和教養、最粗魯野蠻、最沒有文化的人。你們能夠想像嗎？」

「為了一枝筆、一瓶墨水或幾張紙，我要付出相當大的代價。每次，揣在我手裡的用來買筆、買墨水或買紙張的那枚小銅幣似乎都有千鈞之重。要知道，在我當時看來，那可是一筆大數目啊！當時我的個子已經長得像現在這般高了，我的身體很健壯，體力充沛，運動量很大。除了食宿免費之外，我們每個人每週還可以得到兩個便士的零花錢。我至今仍然清楚地記得這樣一個場面，回想起來簡直就是恍如昨日。有一次，在市場上買了所有的必需品之後，我居然還剩下了半個便士，於是，我決定在第二天早上去買一條鯡魚。」

「當天晚上，我饑腸轆轆地上床了，肚子在不停地咕咕作響，我覺得自己快餓暈過去了。但是，不幸的事情還在後頭，當我脫下衣服時，我竟然發現那寶貴的半個便士不知道在什麼時候已經不翼而飛了！我一下子如五雷轟頂，絕望地把頭埋進發霉的床單和毛毯裡，就像一個孩子般傷心地號啕大哭起來。」

但是，即便是在這樣貧困窘迫的不利環境下，科貝特還是坦然樂觀地面對生活，在逆境中臥薪嚐膽、積蓄力量，堅持不懈地追求著卓越和成功。

科貝特後來成為了著名的作家。艱難的環境不但沒有消磨他的意志，反而成為他不斷前進的動力。他說：「如果說我在這樣貧苦的現實中尚且能夠征服艱難、出人頭地的話，那麼，在這世界上還有哪個年輕人可以為自己的庸庸碌碌、無所作為找到開脫的藉口呢？」

讀到這裡，你是否感覺到心靈一震，那好，如果你想出人頭地的話，就讓一切藉口和抱怨都見鬼去吧！

盧梭和科貝特都出身貧困，然而，真正傑出的人物總是能突破逆境，崛起於寒微。艱難的環境既能毀滅人，也能造就人；不過，它毀滅的是庸夫，而造就的往往是偉人！

先考慮自己是否讓人喜歡

一般來說，朋友可分為兩種：一般朋友和真心朋友。進一步說則有：點頭之交、玩樂之交、默契之交、道義之交、生死之交……不管是哪種程度、哪種境界的朋友，都會對你有某種程度、某種方面的幫助。

我們固然要選擇益友加強聯繫，但也要學會避開損友，懂得如何與三教九流形形色色的各種人打交道。不過，一定不要在需要別人時才去交朋友。利益一般會偕朋友同來，但交朋友的目的絕不是單純地為了贏取個人的利益。要知道，我們選擇別人，別人也同樣可以選擇我們。

所以，廣結善緣的首要條件並不是「我」喜歡什麼樣的朋友，而要先考慮自己是否讓人喜歡、受人歡迎。「獲友不易，反目一朝。」意即好朋友得之不易，有時卻會因一句失言、一時失態而形同陌路，甚至反目成仇。人生之路不能無友，有了朋友更要加倍珍惜，因此，我們要時刻提醒自己：改善自我，廣結良友。

受敬仰、被尊重，這是大多數人最重視的一種感覺。所以，美國知名作家戴爾・卡內基寫了一本《如何贏得友誼和獲得信任》得以暢銷百萬冊，道理就在這裡。在社交場上，朋友越多越好，敵人越少越妙。因而，「你受人歡迎嗎？」幾乎決定你社交關係的分數。受歡迎，朋友就多；受鄙棄，很可能增加許多人際方面的阻力。

然而，怎樣的人才受歡迎呢？一般人以為「人緣」的好壞，決定於外在印象。事實上，第一印象的確很重要，因為儀容是否端莊、整潔能代表個人的修養，不過，如果完全以貌取人，為別人判定分數，常常會因此而出現「有眼不識泰山」或「識人不明」的情況。

春秋末期，齊國的丞相晏子長得很矮，當他代表齊國出使楚國時，就因相貌上的缺點而遭受嘲笑。但後來他卻以機智和口才，使得楚國君臣上下不得不對他「刮目相看」。

漢朝的陳平則與晏子相反，是有名的「美貌丞相」，其才能同樣相當傑出，但是當時的人卻批評他「光漂亮又有什麼用？」

歷史證明，陳平並不只是一個「光漂亮」的人，但是我們卻可以在這個例子裡發現：視覺上的美感，對人際關係並沒有絕對的影響。同時，這個例子也顯示出：外表好看，內在「可能」也不錯，但二者的關係並不是絕對的。

所以，一個人是否受歡迎，不是外表來決定的，還有其他方面可給人留下好印象，例如：平易近人、關心與體貼、彬彬有禮、幽默感等。大抵說來，受歡迎的人一定肯為別人設身處地著想。比方說：每一個人在有事求人時，總希望別人即使拒絕，也不要使自己太難堪；因此，當我們不得已拒絕別人的請求時，也應該誠懇地表示歉意。

雖然說「友直、友諒、友多聞」，但是，當我們勸諫朋友時，態度應和緩，點到為止，留一點餘地給對方，不要使建設性的建議反而變成了傷人的批評。

總之，能夠將心比心，時時檢討自己的得失，才可能得到別人的真心對待。所以，我們若是希望自己受人歡迎、得人緣，不可不先「照照鏡子」，分析一下自己在別人心目中的分量。

我們常說：「成功不是偶然的。」意思是說，這其中包括有志氣、有決心、有毅力、有方法。想做一個受歡迎的人也不例外，從內在到外在，從開口說話到不開口的衣著語言，都必須散發出一種吸引人的魅力，才能夠把自己推銷出去。現代社會的最大特點是「忙碌」，自己分內的工作尚且照顧不周全，哪裡有時間、興趣去深入瞭解別人？所以，大部分人留在你印象中的，只是一個粗略的輪廓，如果你不具備「特殊條件」，在別人心目中，也只是一個模糊的影子而已。

就此而言，任何人要想在人際交往中卓然出眾，就得表現自己，把自己個性中最美好的一面拿出來。汽車大王福特曾為「最受歡迎的人」下過一個定義，他說：「這種人，是能將內心中最美的東西引發出來的人。」的確，生命中有些東西是不依賴外力的，要想受歡迎，全靠你自己。肚子裡有貨，不怕沒有伯樂識千里馬；風度翩翩，不怕身邊不環繞仰慕的群眾。

贏得好人緣的法寶是：要能夠明確地把握重點，儘量表現「原有」的美質，即使天生的資質不夠，也可以靠後天的培養或努力去盡力求取個人條件的完美。外在美如儀容整潔、彬彬有禮、態度親切等，內在美如體貼關心、富於幽默感，等等，都可以塑造你的特殊風格，甚至進一步把你推上成功的寶座。

沒有絕望的處境，只有對處境絕望的人

生活是一種態度。每個人都會經歷挫折和不幸，每個人也都有獲得幸福的機會。生活是現實的，不以你的意志為轉移，你可以活得很積極，也可以很悲觀。同樣是生活，有人整天愁眉不展，唉聲歎氣，有人卻過得精彩無限，有滋有味。你可以決定自己的命運，只要你肯審視自己的態度。培根曾說過：「人若云：我不知，我不能，此事難。當答之曰：學，為，試。」

「世間本來沒有路，走的人多了就成了路。」想一想，連路都可以硬走出來，那麼面對人為的環境和處境，我們有什麼理由絕望呢！

很多時候我們絕望與否，重要的不是處於順境或逆境，而是取決於對待順境或逆境的態度和方法。有的人無論順境、逆境都能進步，而有的人卻是任何

時候都在墮落。

其實，世上是有絕望的處境的，問題是在你的看法如何。如果你冷靜下來想辦法，嘗試走另一條路的話，你的成功機率可能會有百分之九十的。如果你急躁不安，絕望了，不敢去面對和挑戰，那你的成功機率只有百分之十。所以，這世上只有對處境絕望的人，而沒有絕望的處境。

成功從來只會青睞勇敢的智者，不喜歡親近那些遇到一點困難就絕望而退縮的膽小鬼。在人生的道路上，沒有一個人是沒有遇到過困難與挫折的，簡單來說，沒有困難的人生不是完整的人生，因此，我們不如用微笑來挑戰困難吧！

總而言之，這個世界上，沒有爬不上的山，沒有過不了的河，再大的困難總有解決的方法。用冷靜和樂觀的心來面對困難，總能找到一個讓你堅持不懈的理由。每一個人的命運都沒有絕望的處境，只要你勇敢去面對、挑戰它，成功往往就在絕境的拐彎處。

我們每個人都隨身攜帶一種看不見的法寶——「積極心態」，而它的另一面寫著「消極心態」。一個擁有積極心態的人並不否認消極因素的存在，他只是學會了不讓自己沉溺其中。一個心態積極者常能心存光明遠景，即使身陷困境，也能以愉悅和創造的態度走出困境，迎向光明。在人的本性中，有一種傾向：我們把自己想像成什麼樣子，就真的會成為什麼樣子。

一個老婆婆依靠兩個兒子的苦力維持生計，大兒子曬鹽、二兒子賣傘。若大兒子能曬更多的鹽，二兒子就不能賣更多的傘；雨天二兒子生意好了，大兒子就不能曬鹽！

老婆婆整天為兩個兒子不能同時賺錢而煩惱。有人建議老婆婆換個角度看待問題：晴天，大兒子能曬更多的鹽；雨天，二兒子可以賣更多的傘。這樣一來，老婆婆果然心情好多了，不再為兩個兒子的營生閒操心了。

任何事物都有兩個不同方面，處理問題只看重一面而忽視另一面，都會得出與事實相悖的結論。如果思維沉溺在事物不好的一面，既無益於問題的解決，也影響情緒，甚至可以導致思想消沉、遠離多彩的生活，成為怨天尤人、抱怨社會的邊緣人。

就業艱難、住房緊張、股票跌停……許多事情我們無法改變，好心情也要被這些無法改變的事情一掃而空嗎？別人可以偷走你的金錢，可以破壞你的地位，可以踐踏你的尊嚴，但永遠扼殺不了你那顆樂觀的心，活就要活得精彩！

在我們碰到棘手的問題時，必須先靜下來、勿衝動行事。既然木已成舟，請以美好的姿態去面對一切。當你不能立竿見影地解決問題時，請試著改變你面對問題的心情。

我們常常以為是一件事情引發了我們的某種情緒，但美國心理學家艾理斯認為，是我們內心的想法或者說心態決定了我們的情緒。所以，不要把你的一切情緒都歸於現在的事件、現在的人、現在的關係。表面上是這些因素決定了你的愛恨情仇以及種種情緒，事實上，導致你負面情緒的罪魁禍首是你內心對事情的想法和觀點，而這是完全可以用積極的心態去改變的。從這個意義上說，我們完全有能力左右自己的心情。

如果你因為失敗而灰心喪氣，其實那是成功女神對你毅力的一次考驗；總結經驗和教訓，重拾勇氣和自信也一定會墊起你未來成功的高度。鬱悶的心情只會讓你更加失敗，而坦然的心情則能讓你接近成功。

如果你因為失去而黯然神傷，那是因為你一直習慣擁有、害怕失去，擁有的越多就會越快樂，而失去就會痛苦不堪。的確，失去會帶來疼痛，但更多的時候，正是因為失去才讓你得到更多。而有所得必有所失，同樣有所失也必有所得，所謂「失之東隅，收之桑榆」。人生本無所謂得失，你心情的好與壞全在於你自己內心的想法。

如果你因為過去的災難而痛苦萬分，這本無可厚非，問題在於即便你痛苦到老，昨天的事情也無法改變。事情既然已經過去，就讓痛苦的心情也一起隨同事情埋葬在過去吧。不要浪費過多的時間和心情在過去那些令你鬱悶的事情上，因為生活還要繼續！

如果你因為遭遇不公而鬱悶，你不得不承認生活本身就存在著不公平。有人說：「人生如打牌，而不似下棋。」下棋是公平的，棋子一樣多，棋盤共同用，條件相同，起跑線一致，機會均等，就看誰的棋藝高。而打牌是不公平的，除了抓牌的數量一樣，牌的好壞卻有著千差萬別。人生也是這樣，我們不能控制自己的牌是好還是壞，但是我們可以控制自己打牌時的心情。好心情會讓你的牌技發揮得更好，結果也許是你拿了一手爛牌卻贏了這一局！

不做害怕變化的「恐龍族」

在數億萬年前，恐龍曾經是我們這個地球上最強大、最活躍的物種之一，但不知道什麼原因滅絕了，至今沒有一個科學家能拿出確切的證據來舉證。但有人曾提出一個觀點，就是當環境發生劇烈變化的時候，長期安於現狀的恐龍缺乏「應變」和「學習」能力，無法改變自己以適應環境的變化。

職場如戰場，淘汰本無情，如果一個人在中途倒下，則顯示其生存的能力不夠強。遺憾的是，在各個工作場所中，仍然有不少的「恐龍式」人物的存在。在工作中，「恐龍族」最大的障礙就是無法適應環境。他們周圍有許多學習新技術及深造的機會，但是他們往往視而不見，根本無心尋求新的突破。

工作與生活永遠是變化無窮的，我們每天都可能面臨改變，新的產品和新服務不斷上市，新技術不斷被引進，新的任務被交付……這些改變也許微小，也許劇烈。但每一次改變，都需要我們調整自我重新適應。

面對改變，意味著對某些舊習慣和老狀態的挑戰，如果你固守著過去的行為與思考模式，並且相信「我就是這個樣子」，那麼，嘗試新事物就會威脅到你的安全感。

「恐龍族」不喜歡改變，他們安於現狀，沒有野心，沒有創新精神，沒有工作熱忱，滿足於目前的狀態，不設法改進自己，不想去做更好的工作。「恐龍族」不肯承認改變的事實。他們不願為自己創造機會，而情願受所謂運氣、命運的擺佈。

不懂得適應變化，讓「恐龍族」在職場中處處受阻，路子也越走越窄，最終導致能力下降，步入灰暗的人生境地。既然前方已經看不到光亮，「恐龍族」就會選擇隨遇而安。

客觀地說，隨遇而安、過一種普普通通的生活也是一種人生，因為我們大多數人都是這樣度過的。但是，如果總是隨遇而安，把所謂的生活安全感放在人生的第一位，久而久之，我們就會產生一種惰性，機會來到面前也把握不住。

天地間沒有不變的事情，萬事萬物隨時而變，隨地而變，隨社會的發展而變，隨人的生理、情感、觀念而變。既然改變已成一種定律，我們又何苦死守？不如順應這種改變的大潮，完善自己。

在這一方面，韓國偶像組合東方神起的做法很值得我們學習。

東方神起組合於二〇〇四年，在韓國出道，歷經兩年，橫掃韓國各大音樂排行榜。二〇〇六年，東方神起轉戰日本，向這個全球第二大唱片市場衝刺，也取得了可觀的成績。

在參加一次娛樂節目時，主持人好奇他們怎樣處理在韓國和日本生活的差異，詢問成員們解決的方法。

其中一個成員回答道：「我們需要給自己『洗腦』，上了去日本的飛機，就要忘掉在韓國的事情，回到韓國，又要忘記在日本的事情。只有這樣，才能適應一直在變換的環境，才能讓自己在差異很大的環境中不會精神崩潰。」

眾所周知，藝人常常會變換自己的工作環境，如果不能很好地適應，那麼無疑會影響他們的發展。職場中也是一樣的，你必須想辦法適應環境的變化，跟著公司的發展形勢「玩」出新花樣，想出新東西，創造出新玩意兒，也就是說，工作中如果不能適應環境，就沒有出路，就很難得到發展。不發展，別人進步了，就意味著你落後，意味著你會被社會淘汰，意味著你會被人超越，甚至意味著被別人取而代之！

與此相反，假如你今天改變了、創新了，明天不僅不會被淘汰，反而會走在時代的前沿。

二十世紀七〇年代，「多元化」成了全世界最流行的詞語：世界多元化、國家多元化、關係多元化……各個企業為了迎接這股時髦的浪潮，也提出了很多多元化的經營戰略。我們熟知的迪士尼，並不是以迪士尼樂園起家，公司的贏利來源也不僅僅是主題樂園，而是來源於以影視娛樂業為源頭，媒體網路、主題公園和消費產品三大產業為延伸的多元產業層級贏利體系。

開始，迪士尼製作動畫、影視片，如《白雪公主和七個小矮人》《人猿泰山》等，通過發行出售，賺取第一輪利潤；再通過媒體網路，如美國全國廣播公司ABC以及有線電視網ESPN等，賺取第二輪利潤。在這兩輪利潤賺取的過程中，又為第三輪、第四輪利潤做了鋪墊：通過把電影和動畫片裡看到的故事變成可玩、可遊、可感的遊樂園（迪士尼樂園），賺取第三輪利潤；通過玩具、文具等消費品的出售，賺取第四輪利潤。此外，迪士尼還為米老鼠、唐老鴨、皮特狗等卡通形象申請專利，在法律保護下進行特許經營開發，獲取利潤。

由此可以看出，在共同品牌的引領下，產業的多元化增加了贏利點，極大地發揮了品牌與產業互動的乘數效應，使迪士尼最終走向了成功。

其實，所有的成功都是多元化的。我們常說，一個能夠高瞻遠矚的團隊，一定具有很強的實戰經驗，其實這就是一種多元化的體現。因為在豐富自己的同時，這個團隊很可能因此涉獵更多的領域，或者在同一領域裡做了不同的事情，加強了各個方面的知識、能力的儲備。雖然不是每一個領域都精通，但是因為有所瞭解，就可以在需要的時候靈活運用。

開放自己的思想，接受別人的思想，很多種思想的碰撞，就是多元化的重要表現形式。

企業在發展中，不能一直打保守戰，以為只有自己的發展方向是對的、自己的管理模式是最好的，絲毫不去參考別人的經營模式。這是一個資訊爆炸的時代，地球已經變成了村落，如果固守舊思想，堅持走單一的發展路線，那麼我們將很快被激烈的競爭所淘汰。

個人同樣需要開放思想，多向別人學習。但是在日常生活中，人們會利用各種規則來制約我們的思維發散。我們發現，很多大學生和研究生等受過高等教育的人，彷彿是一個模子裡刻出來的，都是單一化的思路。

當前社會，一元化的人才太多了。我們都知道，不是社會不需要人才，而是社會不需要太多單一化的人才。所以，為了我們的前途與發展，請開放你的大腦，讓多元化的陽光照進你的心靈，這樣你才能真正實現自身的價值，獲得成功。

此路風景獨好，彼路風景更勝

古羅馬有一句俗語是「條條大路通羅馬」。關於這句話，有這樣一個小典故。羅馬城作為當時地跨亞非歐的羅馬帝國的經濟、政治和文化中心，頻繁的對外貿易和文化交流使得大量外國商人和朝聖者絡繹不絕。羅馬統治者為了加強對羅馬城的管理，修建了一條條大道，它們以羅馬為中心，通向四面八方。據說人們無論是從義大利半島的某一個地方還是歐洲的任何一條大道開始旅行，只要不停地往前走，都能成功抵達羅馬城。而現在「條條大路通羅馬」是形容達到一個目的的方法多種多樣，我們在實現目標過程中會有多種選擇。

無論是在追求夢想的道路上，還是在日夜奔波的生活中，我們常常會遇到

「此路不通」的尷尬境地，但是變化已經存在，我們就只能去適應變化，調整自己。

在問題面前，我們要想辦法解決。一種辦法解決不了，我們還可以想其他辦法。最重要的是在遇到問題時，不能循規蹈矩，墨守成規，一頭鑽進死胡同。要學會轉換思路，改變角度，那樣你會發現解決問題其實一點也不難。

我們必須意識到**變化隨時隨地都有可能發生。我們不但要適應變化，適時調整，還要學會預見變化，做好迎接挑戰的準備。**

「此路不通彼路通，此路風景獨好，彼路風景更勝。」事實上，我們之所以會執著於此路而停滯不前，是因為我們的固有思維認為那是最順暢、最好的一條路。慣性思維方式讓我們錯過了許多寬敞順暢的大路，也錯過了許多別樣的美麗風景。

一八五〇年的美國西部是一片充滿傳奇和財富的土地。隨著大量黃金的被發現，人們懷著淘金的夢想，紛紛踏上了西部荒無人煙的土地。

身為猶太人的李維・施特勞斯從小就相當聰明，同所有猶太人一樣，他不安分，愛冒險，而且他繼承了猶太人善於經商的本事，他在二十多歲時便放棄了穩定工作，加入到淘金的洪流中。

長途跋涉來到西部後，他發現淘金的美夢並不實際，荒涼的西部早已湧滿了淘金的人群，到處都是他們的帳篷。

發財的人遍地都是，他到底能不能分到一杯羹呢？他心裡沒底，他不想就這樣放棄，也不想這樣漫無邊際地等待，心中渴望儘快成功的他開始思考自己的成功之路。

一次偶然的機會，他發現自己所在的淘金地點離市中心很遠，每一次淘金者買東西都十分不方便。他決定放棄淘金這種遙不可及的發財夢，然後他開了一家日用品商店，試圖以另一種方式獲得成功。

事實證明他是對的。他的小商店生意越來越好，淘金者們「金閃閃的收穫」源源不斷地流向了李維的小商店。但是他的小商店裡有一樣東西的銷路始終不好，那就是帆布。按理來說，淘金的人都住在帳篷裡，最需要的就是帆布。但是淘金者大多都自己帶帳篷了，因而帆布的生意就非常冷淡。

一天，李維向一名淘金者推銷帆布，工人搖搖頭說：「我不需要帳篷，我需要像帳篷一樣堅硬耐磨的褲子」。李維很好奇，追問原因，工人告訴他，淘金的工作很艱苦，衣服經常要與石頭、沙土摩擦，一般的褲子都不耐磨，幾天就破了。這些話提醒了李維。他想這些帆布如果做成褲子，肯定很受大家的歡迎。於是他仿效美國西部一位牧工的設計製作工作褲。

一八五三年，第一條日後被稱為「牛仔褲」的帆布工裝褲誕生了。他向礦工推銷，不出所料，這種款式和布料的褲子很受工人喜歡，大量的訂單隨之而來。李維的事業也由此起步。

在這場全民淘金的競爭中，每個人都想發財，一些人利用淘金獲得了成功，而另一些人看到了別的發財機會，同樣也獲得了成功。因而不是沒有成功的路，關鍵在於要有洞悉商機的頭腦。

其實「此路不通彼路通」是在告訴我們要勇敢面對「不通」的窘境，然後運用發散思維尋找另一條成功的捷徑。

每個人的思維方式都不相同，也不是每個人在面對「不通」的窘境時都能處之泰然，遊刃有餘。但如果我們掌握了一些方式方法，便能輕鬆地解決這些問題。

首先，我們要避免此路不通的情況發生。要承認這些變化，事前進行詳細的思考與分析，找出前進道路中可能會出現的所有問題，並做好準備；發生變化後，不能慌張，也不要一味地守株待兔。辦法是死的，但人是活的，我們要適應變化，適時調整方案，堅持不懈，朝著成功勇敢邁步。

其次，要開拓思維能力，提高處事應變的能力。變相思維、逆向思維、多向思維等，我們應鍛煉自己的思維頭腦，從中找到最適合的處理辦法。思維就像一台機器，使用多了就會熟能生巧，經常從不同角度全方位地思考問題，處理問題的方法自然就會很多，也就能從中找到最好的一條捷徑。

我們可以在一些充滿智慧的書籍裡尋找和積累處理問題的方法，多提問多參考，需要的時候通過聯想就會有靈感出現。熟能生巧，遇到類似的難題時就不易擔驚受怕。還要積極參與辯論，思想在辯論中產生，思維在辯論中發展。在辯論中鍛煉並提高自己的思維能力和反應能力。

對冷落你的人也要報以笑臉

相信每個人都嘗到過被人冷落的滋味，但人們面對「冷落」所採取的態度卻不盡相同。有的人遇「冷」不冷，逢「落」不落，仍然表現出一種泰然處之、豁達坦蕩的超然境界，其結果不僅使自己渡過難關，走向「熱烈」，而且逆境成才，留下了更加輝煌的人生篇章。有的人卻不儘然，面對「冷落」變得消沉起來，一蹶不振，最終使自己陷入自我封閉、孤獨寂寞的困境而難以自拔。要走出被人冷落的誤區，首先要接受冷落。

面對被人冷落的現象，可以先承認它的存在，允許它的發生。人生本來就是一個萬花筒，赤橙黃綠青藍紫、喜怒哀樂、酸甜苦辣、溫涼冷熱，可謂應有盡有，五彩繽紛，因此，被人冷落也就不足為怪。

每一個生活在社會中的人，或多或少，或輕或重，都會遇到過「冷落」，不管你是自覺的還是不自覺的，情願的還是不情願的，誰也休想與它絕緣。「冷落」作為一種客觀存在的社會現象，你無論如何也不應當採取回避的態度。

因此，面對冷落，採取承認的態度，要有接受它的心理準備。當然，承認冷落的存在，並非是承認它存在的合理性，而是承認它的客觀性，從而去接受解決此種矛盾的必然性。唯有如此，你才會直面冷落，既不回避，也不懼怕。不但如此，面對冷落時，還要做到不委屈，不抱怨，並敢於坦然地表現自我。

遭受冷落，心情低落在所難免，在此時就要學會自我調節，平息抱怨。但凡經受過冷落的人，大都有這樣的感覺，抱怨冷落的結果只會在客觀上助長受冷落壓力的程度。與其過多地自我抱怨，倒不如從主觀認識上找原因，以新的姿態重新揚起生活風帆，戰勝冷落。

面對冷落，我們不妨捫心自問：為什麼他人沒有受冷落，卻偏偏冷落了自己？為什麼此時無冷落，彼處遇冷落？想來想去，你便會覺得，原來別人對自己的冷落也事出有因。

假如受到頂頭上司的冷落，你可能想到了他的偏見、不公正，但是否還應想到，你的工作態度差，表現得不好，才是上司冷落你的真正原因；假如受到同事的冷落，你可能會想到他孤芳自賞，為人傲慢，心胸狹窄，無端嫉妒等，但是否還應想一想，是你的傲慢、無禮、清高，才使他人對你產生了冷落；假如受到妻子的冷落，你可能會想，妻子不溫順、不賢慧、不會料理家務、不會熱情待客等，但是否還應想到，你的大丈夫習氣，動輒吹鬍子瞪眼睛的德行，難道妻子還不該冷落你幾次？

……

與其抱怨別人，倒不如利用這個間隙來反省一下自己，失去的再難挽回，與其苦惱自己，不如灑脫一回。

冷落，會使你隱隱感到自己心靈上的某種喪失。這並不可怕，問題的關鍵在於你能否正確對待喪失，能否科學地把握喪失，能否學會從喪失中奮起。

現實生活中，我們常常習慣於把複雜的社會、複雜的人生理想化，人們接受收穫往往比接受喪失更容易做到。其實，只要稍加留心，便會從生活中經常發現這樣的畫面：他是我的好朋友，同時又是別人的好朋友；上司對我特別器重，同時對另一個人也特別器重。想到此，也許你就會認識到，放棄各種不切實際的期待，對於消除冷落的困惑是多麼重要！

冷落雖然使你暫時少了一些來自外界的熱情，少了一些朋友，但往往能進一步激發你對熱情的珍視，對朋友的偏愛。此時此刻，你將會用自己的熱情去溫暖對方那顆冷落的心，你將不會再用消極的眼光去對待朋友一時的偏頗。

生活中常常有這樣的現象：有些才能出眾的人，正是由於受不了世俗冷落的偏見，從此之後甘願「隨波逐流」，也不肯再「出頭」「冒尖」了；也有一些較為愚鈍的朋友，由於受到某些人的鄙視，就產生「破罐子破摔」的念頭。一對曾經形影不離的好朋友，突然某一日反目成仇，從此形同陌路……

生活是多色彩、多層面的，不必事事都有個所以然，必要的超脫也是一種生活的潤滑劑。面對冷落，沒有必要自我封閉、自我煎熬，灑脫一點才是正確的生活態度。

俗語說得好：生活就是面對現實微笑，就是超過障礙注視將來。在生活中，每個人都會遭遇冷落，但更多的還是擁有熱情，你應當不斷地去尋覓生活中的熱情。人人都希望把熱情帶進自己的生活，讓生活變得更富有色彩、更富有詩意，如果你只會發現冷落，而不勇於去開拓和追逐熱情，那麼，在你的眼裡就會只有苦澀、憂傷和痛苦。

有的人在處理人際關係上，總是你對我好，我就對你好；你看不上我，我也不買你的賬。這至少是一種不夠大度的姿態。人與人之間的交流是雙向的，**一個成熟的人，他想到的往往不是得到，而更多的是付出**，在很多時候需要做必要的讓步和犧牲。

面對冷落你的人，早上初見面時，可以主動上前去問候一聲「早上好」；周末節假日，你可以主動邀請對方去參加一個舞會，或來一次短短的旅行；當對方喬遷新居時，你可以主動去當個幫手，等等。如果你能這樣去想、去做，逐漸改變對方的態度，那麼精誠所至，金石為開，看上去似乎你顯得「矮」了一些，但在他人的心目中，你是高尚的、偉大的、值得信賴的。

人們在受到冷落之後，往往在生活上感到失意，在心理上產生退卻。對於一個強者來說，越是受到冷落的重壓，越是應當富有表現自我的勇氣。此種勇氣不僅可以吹散冷落的陰雲，也最容易撥開自己被人冷落所帶來的心頭迷霧。

當然，在自我表現的過程中，你還應當注意不要自我標榜，故弄玄虛。這樣做不僅難以排除外界的冷落，還會由此招致更多的冷落。

自我表現不僅應當有勇氣，更重要的是要提高自己的素質，增強自己的實力。有了真才實學，就會為你平添一份自信，再加上自己的勇氣，那你就會在生活的舞臺上表現得瀟灑自如，發揮得淋漓盡致。此時，你面前的冷落便會一掃而光，迎來的將是張張笑臉，滿園春色。

第十章 自我修煉，提高個人涵養

愛人者，人恆愛之

愛心，是積極心態的最佳表現。愛心就是關懷、分享、給予、犧牲。只有充滿愛心，才能達到「心底無私天地寬」的境界。

有一個人想看一看地獄與天堂的區別。他先來到地獄。地獄的人正在吃飯，但奇怪的是一個個面黃肌瘦，餓得嗷嗷直叫。原來他們使用的筷子有一米長，雖然爭先恐後夾著食物往各自嘴裡送，但因筷子比手長，就是吃不著。「地獄真悲慘啊！」這個人想。

然後，他又來到天堂。天堂的人正好也在吃飯，一個個卻紅光滿面，充滿歡聲笑語。但奇怪的是，天堂的人使用的也是一米長的筷子，不同之處在於——他們在互相餵對方！

「天堂和地獄擁有相同的食物，相同的工具，相同的環境，但結果卻大不相同啊！」

天堂與地獄的天壤之別，僅在於做人的「一念」之差：因心態不同，就造成了極不相同的結果。在現實生活中，每個人每天都面臨天堂或地獄的生活：當我們懂得付出、幫助、愛、分享，我們就生活在天堂；若只為自己，自私自利，損人利己，實質就等於生活在地獄裡。**地獄和天堂，就在自己的心裡**。

雨果的不朽名著《悲慘世界》裡那個主角冉·阿讓，本是一個勤勞、正直、善良的人，但窮困潦倒，度日艱難。為了不讓家人挨餓，迫於無奈，他偷了一個麵包，被當場抓獲，判定為「賊」，鋃鐺入獄。

出獄後，到處找不到工作，飽受世俗的冷落與恥笑。從此，他真的成了一個賊，順手牽羊，偷雞摸狗。警察一直在追蹤他，想方設法拿到他犯罪的證據，把他再次送進監獄。他卻一次又一次躲掉了。

在一個大風雪的夜晚，他饑寒交迫，昏倒在路上，被一個神父救起。

神父把他帶回教堂給吃給住，但他在神父睡著後，卻把神父房裡的所有銀器席捲一空。因為他已認定自己是壞人，就應該幹壞事。不想，在逃跑途中，被警察逮個正著，這次可謂人贓俱獲。當警察押著冉・阿讓到教堂，讓神父認定失竊物品時，冉・阿讓絕望地想：「完了，這一輩子只能在監獄裡度過了！」

誰知神父卻溫和地對警察說：「這些銀器是我送給他的，他走得太急，還有一件更名貴的銀燭臺也忘了拿，我這就去取來！」

冉・阿讓的心靈受到了巨大的震撼。警察走後，神父對冉・阿讓說：「過去的就讓它過去，重新開始吧！」從此，冉・阿讓決心洗心革面，重新做人。他搬到一個新地方，努力工作，積極上進。後來，他成功了，畢生都在救濟窮人，做對社會有益的事情。

愛人者人愛之，愛心永遠不會孤獨寂寞。無私的奉獻必將結出豐碩的成果。愛心的付出使人們更有價值，人們也會給予你豐厚的報答。美國十九世紀哲學家、詩人拉爾夫・愛默生說：「人生最美好的補償之一，就是人們真誠地幫助別人之後，同時也幫助了自己。」

失去道德標準將失去一切

一個人智商再高，但如果失去了做人的道德標準，他將失去一切。現實生活中大量的事例證明了這一點。

一個人如果失去基本的道德品質，那些可以對你提供幫助的人就會漸漸離你而去。

據史書記載，商紂王天生神力、異於常人，能夠偷梁換柱，倒拽九牛，徒手與獸搏鬥。此外，他還天賦聰穎，才思敏捷，能言善辯。可見，我們印象中的「暴君」紂王，絕非傳統意義上的低智商的「昏君」。

以紂王獨有的天賦，本可治理好國家，成就驚天動地的偉業，與祖先商湯、盤庚、武丁等明主一併載入史冊，揚名後世。但令人遺憾的是，他的聰明才智未能用到好的地方。

具體表現在他一連串「缺乏德行」的行為中：荒淫無度，寵信奸妃妲己，建造「酒池肉林」；兇殘成性，創立炮烙、蠆盆等多種殘酷刑法；殘害忠良，就連自己的叔父比干也要「挖心」而後快……總之，紂王的所作所為真是泯滅人性，罄竹難書，因而在周武王起兵伐商後，早已恨透紂王的平民和奴隸們紛紛陣前倒戈。紂王見大勢已去，便自焚身亡，商王朝也隨之覆滅。至此，紂王終於在史冊上穩坐「首席暴君」的頭把交椅。

天時、地利、人和這治天下的三大要素，商紂王原來都擁有了，但由於自己「德行不夠」以致眾叛親離，國破家亡。

隋煬帝楊廣也是很典型的例子。楊廣是隋文帝楊堅的第二個兒子，年少好學，善詩文，著有文集五十五卷。

開皇元年（西元五八五年），年僅十三歲的楊廣被封為晉王，做了並州的總管，拱衛京城。隨後，楊廣親率軍隊統一國家，組織修建暢通國脈的京杭大運河，親自開拓、暢通絲綢之路，開創科舉，修訂法律。

不可否認，楊廣真的是才華出眾。但有才的楊廣總不免恃才傲物、我行我素，由於缺少道德監控和自我約束，他後來做出大逆不道的弒父篡位之舉。成為皇帝後，他過度沉迷於享樂之中，無心治國，終於走上了荒淫無道、自取滅亡的不歸路。

道德是我們的立人之本，是我們成功道路上不可缺少的基石，擁有了較高的德商我們才能擁有自己的人脈；為成功的人生道路鋪上堅實的基礎。

一個人是否能成才成功，智力因素往往僅占百分之二十，而另外起作用的百分之八十是人格因素。良好的品德是人格的重要組成部分。如果忽略了品德培養和健康人格的構建，就容易出現一些智商很高、成就很小的人，甚至有的智力優秀的人成了「歪才」「邪才」。真正大成的人，是道德與智慧並存的。欲成功，你必須光明磊落、心地純潔、公正無私、寬厚仁愛，只有這樣你才能真正擁有健康、成功和幸福。

寬容是最高尚的人格

日常生活中，難免會發生這樣的事：親密無間的朋友，無意或有意做了傷害你的事，你是寬容他，還是從此分手，或伺機報復？有句話叫「以牙還牙」，分手或報復似乎更符合人的本能心理。但這樣做了，怨會越結越深，仇會越積越多，真是冤冤相報何時了。

如果你在切膚之痛後，採取別人難以想像的態度寬容對方，表現出別人難以達到的襟懷，你的形象暫態就會高大起來，你的寬宏大量、光明磊落使你的精神達到了一個新的境界，你的人格折射出高尚的光彩。

第二次世界大戰期間，一支部隊在森林中與敵軍相遇，激戰後兩名戰士與部隊失去了聯繫。這兩名戰士來自同一個小鎮。

兩人在森林中艱難跋涉，他們互相鼓勵、互相安慰。十多天過去了，仍未聯繫上部隊。這一天，他們打死了一隻鹿，依靠鹿肉又艱難度過了幾天。可也許是戰爭使動物四散奔逃或被殺光，這以後他們再也沒看到過任何動物。他們僅剩下的一點鹿肉，背在年輕戰士的身上。這一天，他們在森林中又一次與敵人相遇，經過再一次激戰，他們巧妙地避開了敵人。

就在自以為已經安全時，只聽一聲槍響，走在前面的年輕戰士中了一槍——幸虧傷在肩膀上！後面的士兵惶恐地跑了過來，他害怕得語無倫次，抱著戰友的身體淚流不止，並趕快把自己的襯衣撕下包紮戰友的傷口。

晚上，未受傷的士兵一直念叨著母親的名字，兩眼直勾勾的。他們都以為他們熬不過這一關了，儘管饑餓難忍，可他們誰也沒動身邊的鹿肉。天知道他們那一夜是怎麼過的。第二天，部隊救出了他們。

事隔三十年，那位受傷的戰士安德森說：「我知道誰開的那一槍，他就是我的戰友。當時在他抱住我時，我碰到他發熱的槍管。我怎麼也不明白，他為什麼對我開槍？但當晚我就寬容了他。我知道他想獨吞我身上的鹿肉，我也知道他想為了他的母親而活下來。此後三十年，我假裝根本不知道此事，也從不提及。戰爭太殘酷了，他母親還是沒有等到他回來，我和他一起祭奠了老人家。那一天，他跪下來，請求我原諒他，我沒讓他說下去。我們又做了幾十年的朋友，我寬容了他。」

生活中沒有永遠的仇人，只要心中的怨恨消失，仇人也能變成朋友。如果我們的仇人瞭解我們對他的怨恨使我們精疲力竭，使我們疲倦而緊張不安，甚至也許使我們折壽的時候，他們不是會拍手稱快嗎？那麼我們為什麼要用仇人的錯誤懲罰自己呢？

即使我們不能愛我們的仇人，至少我們要愛我們自己。我們要使仇人不能控制我們的快樂、我們的健康和我們的外表。就如莎士比亞所說的：「不要由於你的敵人而燃起一把怒火，就讓心中的烈焰燒傷自己。」

播種善良才能收穫希望

自古以來，「善」字始終受到世人的推崇：待人處事，強調心存善良、向善之美；與人交往，講究與人為善、樂善好施；對己要求，主張獨善其身、善心常駐。善意產生善行，同善良的人接觸，往往智慧得到開啟，情操變得高尚，靈魂變得純潔，胸懷更加寬闊。

擁有善心的人，才會有豁達的心胸，真誠地與人相處，善待家人、朋友和他人。和這樣心地善良的人交往，如春風蕩漾人們的心田。有愛心的人，能夠得到生活的回報，真真切切地感受生活的美好。

善良之人經常造福於他人，實質上也是造福於自己。「幫助別人，就是幫助自己。」這句話絕不只是簡單的因果報應，而是做人的根本。讓善良與生命同在，對於人來講是莫大的福分。

第二次世界大戰時，一天，歐洲盟軍最高統帥艾森豪在法國的某地乘車返回總部，參加緊急軍事會議。

那一天大雪紛飛，天氣寒冷，汽車一路奔馳。忽然他看到一對法國老夫婦坐在路邊，凍得發抖。他立即命令身旁的翻譯官下車去詢問。

一位參謀急忙提醒他說：「我們必須按時趕到總部開會，這種事情還是交給當地的警方處理吧。」

可是艾森豪堅持說：「如果等到警方趕來，這對老夫婦可能早就凍死了！」

經過詢問，他們才知道這對老夫婦是去巴黎投奔兒子，但是汽車卻在中途拋錨了。這裡前不著村後不著店，因此不知如何是好。艾森豪聽後立即請他們上車，並且特地將老夫婦送到巴黎。然後才趕回總部。

艾森豪根本沒有想過行善圖報。然而，他的善良卻得到了意想不到的回報。

原來，那天德國納粹的阻擊兵早已預先埋伏在他們的必經之路上，只等他的車一到就立刻實施暗殺行動。如果不是為幫助那對老夫婦而改變了行車路線，他恐怕很難躲過這場劫難。假如艾森豪遭到伏擊身亡，那整個第二次世界大戰的歷史很可能因此而改寫了。

世人有時會認為善良的人很傻、很笨。其實善良是人性中最崇高的美德，行善積德的人令人敬佩。一個人有了善良的心，才能完善自己的人生。一個人不會因為自己的善心善行而損失什麼，相反他還會因為他的積德而得到福報。因為善良是生命的黃金。

善良所帶來的美麗，不僅發自內心，溢於言表，並且持久高貴。所謂相由心生。《巴黎聖母院》中的凱西莫多是世界文學史上的一個最著名的醜人，但在讀者和觀眾看來，他實在要比那位衛隊長和神父英俊得多。讀者和觀眾之所以會有這樣的審美感受，顯然是因為他的奮不顧身的善良。

莎士比亞說過，外在的相貌其實是內心世界的一面鏡子：善良使人美麗。

擁有一顆善良的心，遠勝過任何服飾、珠寶和裝扮。美好的品行能幫你塑造美好的外貌，慢慢地令你周身透出可親、動人和美麗的光芒，充滿迷人的魅力。

播種善良，才能收穫希望。一個人可以沒有讓旁人驚羨的姿態，也可以忍受「缺金少銀」的日子，但離開了善良，卻足以讓人生擱淺和褪色。

在低谷的寂寞中成長

人生在世，不如意事十有八九，身處逆境倒也尋常。但這些不如意的事如果都一股腦兒砸在一個人的頭上，便是到了人生的低谷，對於懦弱之輩來說就是萬劫不復了；而對於意志堅強者，倒不失為一種鍛煉，甚至是一種享受。

跌落在低谷的泥沼中，原本就遍體鱗傷，原本就傷心欲絕，原本就不知所措，總需要一段時間用來檢討，用來思考，用來仰首觀察能走出低谷的路。只是，每邁一步都是那麼疲憊，那麼艱辛，那麼痛苦，那麼險惡萬分。

於是，意志薄弱者做了一番無謂的掙扎後，頹廢了，絕望了，索性坐下，木然地承受著滅頂的痛感；而心存僥倖者，卻是異樣的氣定神閒，他只是等待，也只會等待，心中默念著對上帝的希冀，幻想著救命的繩索從天而降，或是有一架牢固的登雲梯突現眼前，然後哼著小調，悠哉遊哉地登上峰頂。

然而，恐怕望穿了雙眼，等白了頭，這種際遇也不會出現；只有意志堅定者，在痛定思痛之後，幡然覺醒。一邊在泥潭中奮力跋涉，一邊躲閃不時襲來的暗箭和石塊。審視著四周的懸崖峭壁，思索著攀登的方法，而後便是嘗試。哪怕是一棵小草，一段枯枝，哪怕是峭壁上的一個凸起，也是攀登的路，也是希望所在。

你是上述三種人中的哪種呢？

在人生的海洋中航行，不會永遠都一帆風順，難免會遇到狂風暴雨的襲擊。在巨浪滔天的困境中，我們更要堅定信念，告訴自己「我一定能應付過去」。

當我們有了這份堅定的信念，困難便會在不知不覺中慢慢遠離，生活自然會回到風和日麗的寧靜與幸福之中。唯有相信自己能克服一切困難的人，才能激發勇氣，迎戰人生的各種磨難，最後成就一番大業。

人生本來就是要經歷一個起起伏伏的過程，身處低谷並不可怕。當遭遇低谷時，不要為處境而感到惶恐，更不要沮喪、消沉。無論身處怎樣的低谷都不應絕望，要相信未來，看到希望。溪流遭遇懸崖，縱身一躍而成就瀑布的壯美；枯枝面對霜雪，傲然挺立而能擁抱姹紫嫣紅的春天。更何況，人處低谷看到的都是上山的路，低谷是人生的一道風景，也是一筆財富，更是一次難得的鍛煉機會，人生因此而精彩。

正如孟子所云：「天將降大任於斯人也，必先苦其心志，勞其筋骨，餓其體膚，空乏其身。」只要在逆境中保持樂觀的精神、競爭的雄心，不斷地向上爬，就能看到無限風光在險峰。要記住，人處低谷，那是「置之死地而後生」的人生潛力的發掘。在低谷的寂寞中成長，你會變得更強大。

嫉妒害人，生氣不如爭氣

生活中人與人總是有差別的。有差別就有比較，有比較就難免會有人產生嫉妒。不論多麼聰明的人，一旦染上「嫉妒」的病毒，其所作所為就容易失去理智。

舉世聞名的大化學家大衛，發現了法拉第的才能，並將這位鐵匠之子、小書店的裝訂工招到皇家學院做他的助手。法拉第進入皇家學院後進步很快，接連搞出多項重要發明，甚至在大衛失敗的領域他也取得了成功。然而，當法拉第的成就超過大衛之後，大衛便燃起了嫉妒之火，有意一直不改變法拉第實驗助手的地位，還誣衊他剽竊別人的研究成果，極力阻攔他進入皇家學會。

這大大影響了法拉第創造才能的發揮。直到大衛去世，法拉第才真正開始偉大的創造。大衛本應享受伯樂的美譽，卻因嫉妒心理阻礙了法拉第的迅速成長，給科學發展帶來了損失，也使自己背上了阻礙科學發展、使科學蒙難的惡名，留下了令人遺憾的人生敗筆。

人們往往不能容忍周圍的人超越自己半步，看得見、摸得著的「成功」最能刺激你的神經，所以嫉妒最容易發生在自己最熟悉的圈子裡，我們一般不會嫉妒美國總統，不會嫉妒世界首富。

彼此越瞭解，嫉妒越強烈，這就是有的人允許陌生人發跡而難以接受身邊人進步的心理原因。在一個單位，如果誰立功受獎或職務提升，立馬就可能遭到周圍一些人的嫉妒，因為他的某種優越表現恰恰映照出另一些人的某種不足。

心理學家告訴我們，嫉妒產生於相近的業界和區域，衝突往往源自利益的糾纏。每個人的利益均有其半徑，當利益相交、相爭奪時便會產生嫉妒。嫉妒還與競爭強度、個人競爭欲成正比。在一個毫無競爭的地方，當然不會有利益衝突，也就無所謂嫉妒了。

每個人都難免會有些嫉妒心在作怪，所以，每當我們看到別人發生不幸的時候，有時候幸災樂禍的感覺就會油然而生。這種情況最常發生在那些與我們有利害關係的人身上，如此一來，我們就會覺得似乎又少了一個競爭的對手了。

但是，我們卻忽略了他人在成功之前可能付出的汗水與努力，因此，每個人都應該反省自己，與別人相比，自己是否也同樣地努力過。「眼紅」的時候，試著馬上改變思路，將妒忌心轉換成對他人的美好祝願。理解他們成功背後的盡力、運氣和奮鬥，真心祝福他們，用他們的成功激勵自己。

要想消除嫉妒心理，就必須學會正確的比較方法，辯證地看待自己和別人。尺有所短，寸有所長。一個人只要能看到別人的長處，虛心地學習，就不會去嫉妒別人；同時也要相信自己，揚長避短，就能夠不斷地進取。

嫉妒害人，生氣不如爭氣，努力提高自己是唯一出路。人生很重要的是不斷超越自己，戰勝自己。每個人的能力可能會表現在不同方面，我們要相信自己，找到自己的特長，明確人生目標。不要因為別人早早取得成功而心灰意冷，甚至輕易改變自己的方向，要相信自己一定會走出一條成功之路。

你需要的是水，就不要去比較杯子

在生活中，我們每個人都可能莫名地生氣，莫名地煩惱，看到什麼都不順眼，做什麼事都提不起精神來，為什麼會這樣呢？

也許是因為生活壓力太大，也或者是因為工作中遇到困難，甚至是家裡人出現了什麼意外……看起來，這些都是生氣、煩惱的誘因，但是究其根本，卻是一個人的認知問題。

弘一法師說：「有些人因為錯誤的認知而痛苦了十幾、二十年，他們相信別人背叛或厭惡他們，即使對方可能只是出自一番好意。一個錯誤認知的受害者，不但使自己痛苦，也連累周圍的人。」

同學們到一個老師家聚會，本來是想敘敘舊，可是到了一起，同學們卻都在抱怨自己的生活如何不如意。有說工作不如意的，有說感情生活不滿意的，還有說身體狀況欠佳的，總之沒有一個人是幸福的。

老師看在眼裡，只是笑笑，什麼也不說，然後拿出一大堆杯子說道：「我不跟你們見外了，你們自己倒水吧。」

學生們紛紛拿起了杯子，倒上水握在手中。

這時，老師說話了：「現在，你們手裡每人都拿了一隻杯子，仔細看看，手裡的杯子和桌子上的杯子哪個漂亮些？哪個普通些？……這個很明顯，你們手中的杯子都比桌子上的杯子要漂亮些。」

「誰不想自己手裡的東西是最好的呢？」一個同學說。

「可是我們需要的是水，而不是杯子啊！其實這就是你們煩惱的根源。」

老師一句話，把大家說得恍然大悟。

你需要的是水，就不要去比較杯子，很多時候我們常依著錯誤的認知在行事。當看到美麗的太陽，你可能相信太陽就是現在這樣子，但是科學家會告訴你，那是它八分鐘前的樣子。因為太陽與地球相距遙遠，陽光需要花八分鐘才能到達。

所以當生氣、痛苦時，請回到自己的房間，深入地檢視認知的內涵與本質，檢視所相信的事。如果能去除錯誤的認知，祥和與幸福的感覺就會在心中浮現。

誰也不能幫你驅除孤獨，你必須學會愛自己

有時候一大幫人在一起打打鬧鬧，孤獨的感覺卻比一個人的時候還要強烈。因為你與周圍的人格格不入，無法進入那種熱烈的氣氛裡面，在這種熱烈氣氛的映襯下，你覺得更加孤獨。而一個人的時候，海闊天空的遐想，反而不會覺得怎麼孤獨。

可見，呼朋喚友，置身於喧囂的人群中，並不是驅除孤獨的方法。唯一的方法是哲學家說的「真正愛自己，依靠自己的力量」。

我們只有憑藉體內自有的韌性和生命力去戰勝經常降臨的孤獨感。能和自己做朋友，這才是自由的勝利。這個朋友永遠在你身邊，無論你落魄還是發達，開心還是難過，它都在你身邊，鞭策你、激勵你、安慰你。

有人曾問斯多葛學派的創始人芝諾：「誰是你的朋友？」他說：「另一個自我。」人生在世，不能沒有朋友。但在所有的朋友中，我們最不能忽略的一

個朋友是自己。

能不能和自己做朋友，關鍵在於他有沒有芝諾所說的「另一個自我」。這另一個自我，實際上就是一個更高的自我，同等重要的是你對這個自我的態度。有些人不愛自己，常常自怨自歎，如同自己的仇人。有的人愛自己而缺乏理性，過分自戀，如同自己的情人，在這兩種情況下，另一個自我都是缺席的。成為自己的朋友，這是人生很高的成就。古羅馬哲人塞涅卡說，這樣的人一定是全人類的朋友。法國作家蒙田說，這比攻城治國更了不起。

和自己做朋友，就要真正愛自己。

有人曾經做過一項調查：「假如我們對你的戀人或丈夫做一次採訪，那你最想從他們的嘴裡知道些什麼？」

被調查者都不約而同地回答：「他還愛我嗎？」

「他還愛我！」這就是多數人想從戀人那裡得到的答案，其中女性占多數。而我們想問的問題卻是：「你還愛自己嗎？」

也許你會說，誰不愛自己呢？是的，沒有誰不愛自己，但真正是不是、會不會愛自己，卻是一個問題。比如說，你每天為自己真正預留了多少專屬的時光，沒有動機、沒有功利、沒有交換，只是讓自己充分自在地舒展開來，感受著自己，感知到自己？

在更多的時間裡，你恐怕都忙於應付各種需要了：為家庭，為工作，為孩子……即使在一人獨處不需要應酬誰時，你是不是也常會忘記要應酬自己？而依然在行為上或者慣性地想著應酬著這個或那個，或者自覺地鞭策自己，去充電，惡補情商或者管理經？

這些都不是真正愛自己的表現，都不能真正地滋養自己。愛自己，不是以物質賄賂自己——一擲千金並不見得是犒賞了自己；不是拿成就激勵自己——成功也不見得能餵飽你；當然更不是以別人的眼光或者標準苛求自己，別人都滿意了，你卻不一定能夠滿意。

愛自己就是對自己的欣賞和喜歡，因為這個世界上你是獨一無二的，你就是這個世界的唯一。

愛自己，並不是盲目自戀，而是能夠認識到自己的缺點，坦然地接受自己的一切，不管是優點還是缺點。真心愛自己的人懂得快樂的秘密不在於獲得更多，而是珍惜所擁有的一切。你會覺得自己是那樣地受上天的恩寵，是那樣幸福地生活在這個世界。這是一份難得的樂觀心境，更是快樂的起點。具有這樣的心境的人，無論是對生活、環境，還是對周圍的親人、朋友，都會自然流露出一股喜悅之情，感動自己，影響他人。

愛自己，和另一個自我做朋友，你才能真正遠離孤獨。

當然，這絕不是推崇我們去壘一道牆，躲在裡面，拒絕關心與問候，而是要你學會和內心的另一個自我相處。這樣，你就能成長為獨立的一棵大樹，而不是纏繞在別人身上依賴別人營養的藤蔓。大樹的枝丫可以在空中恣意搖曳、伸展，沒有固定的姿態，卻有一種從容，一種得心應手的自信。

哲學家尼采在《查拉圖斯特拉如是說》中說：「你在內心深處很清楚，即使你身在人群之中，你也是跟一群陌生人在一起，對你自己來說，你也是個陌生人。」如果你和自己都是陌生人，即使朋友遍天下，也只是熱鬧而已，內心仍然是孤獨的。

身邊多一些朋友，也許可以讓你遠離形單影隻，卻難以消除你內心的孤獨感。就像金錢可以幫你打發空虛，卻無力填充你的孤獨。

我們要把孤獨感看成是心靈深處盛開的罌粟，讓你和自己的靈魂對飲。如果你懂得愛自己、善待自己，別人就容易看到你的魅力，會稱讚你，你會從這些讚揚中得到更多的自信，你也就會活得越發光彩，永遠保持對生活的熱情，這是個良性循環。

如何成為一個快樂人
——療癒心理學

作者： 羅金
發行人：陳曉林
出版所：風雲時代出版股份有限公司
地址：10576台北市民生東路五段178號7樓之3
電話：(02) 2756-0949
傳真：(02) 2765-3799
執行主編：朱墨菲
美術設計：許惠芳
業務總監：張瑋鳳

初版日期：2025年6月
版權授權：馬峰
ISBN：978-626-7510-60-5

風雲書網：http://www.eastbooks.com.tw
官方部落格：http://eastbooks.pixnet.net/blog
Facebook：http://www.facebook.com/h7560949
E-mail：h7560949@ms15.hinet.net
劃撥帳號：12043291
戶名：風雲時代出版股份有限公司

風雲發行所：33373桃園市龜山區公西村2鄰復興街304巷96號
電話：(03) 318-1378
傳真：(03) 318-1378
法律顧問：永然法律事務所 李永然律師
　　　　　北辰著作權事務所 蕭雄淋律師

行政院新聞局局版台業字第3595號 營利事業統一編號22759935

定價：340元

國家圖書館出版品預行編目資料

如何成為一個快樂人：療癒心理學 / 羅金著. -- 初版. --
臺北市：風雲時代出版股份有限公司, 2025.04
面；　公分

ISBN 978-626-7510-60-5 (平裝)
1.CST: 自我實現　2.CST: 自我肯定　3.CST: 生活指導
177.2　　　　114002130